JN215881

セックスワーク・スタディーズ

SWASH 編

当事者視点で考える性と労働

日本評論社

はじめに

▼なぜ「セックスワーク」と呼ぶのか

若い女性にＡＶポルノ出演を強要する悪徳業者、性感染症や性暴力のリスクにさらされながら性風俗店で働く女子大生、ＪＫビジネスの中で身体を買われる少女たち……。本書を読んでいただいているみなさんの中には、性風俗の問題と言えばこれらをイメージする方が少なからずいらっしゃるのではないでしょうか？　しかしながら、実際の性風俗やそこで働いている人たちは実に多様であり、脅迫や性感染症、性暴力、人身売買などと無関係ではないにしても、性風俗全体をそれらの問題、あるいは「女の子」の問題に還元して捉えることは出来ません。

「セックスワーク」という言葉は、性風俗における性的サービスの提供を労働として捉える意味合いで使います。そして、そこには労働者としての権利を獲得することによって、セックスワーカーたちがより健康・安全に働ける状況を作っていこうという思想が反映されています。すでにこの世の中にはたくさんのセックスワーカーたちが存在しているという現状があり、そうした現状のもと、セックスワーカーの健康と安全のために活動するグループである私たちＳＷＡＳＨは長年支援活動などに取組んできました。私たちはこの言葉を軸にして、労働であるセックスワークの問題を労働問題として見なさない人々の態度には十分注意しながら、すでに存在している多くのセックスワーカーたちの健康増進や安全向上のための現実的かつ生産的な議論を積み重ねていきたいと考えています。

▼『セックスワーク・スタディーズ』のねらい

ところで、本書は２０１７年４月・11月の計２回、ＳＷＡＳＨと性暴力サバイバーのサポートのために活動するグループであるＲＣ－ＮＥＴとの共催で開催した「セックスワーカーのためのアドボケーター養成講座」の内容がもとになっています。この講座の企画に携わったメンバーたちは、セックスワークが労働であり、また多様なセックスワーカーたちが存在するということに加えて、「セックスワーカーたちの声をないがしろにすべきではない」という共通認識も持っていました。というのも、性風俗の問題の深刻さを訴えたりその解決を掲げる運動は、セックスワーカーたちを中心に展開されないことがしばしばだからです。さらに、そこでセックスワーカーたちは何が問題かを正しく認識することができない、あるいは認識できても声をあげることができない無力な存在として位置づけられ、運動における当事者たちの不在や周縁化が軽視されたり正当化されることさえあるからです。

これらの共通認識のもと、この講座の企画に携わったメンバーたちは何度もミーティングを重ねて意見を出し合い、セックスワーカーがより健康・安全に働ける状況を作るために必要だと思うテーマや、そのテーマにふさわしい講師たちを揃えていきました。こうして2回に渡り開催された講座の内容を踏まえ、新たに全編書き下ろされた本書には、セックスワーカー支援に取組む／取組もうとする人たちが、世間一般に性風俗の問題として見なされていることの中身を問い直すだけでなく、セックスワーカーたちがより健康・安全に働くためにはそもそも何が問題になっており、また何がその解決に資する有効な支援なのかを自ら考え、実践に役立ててほしいという思いが込められています。加えて、『セックスワーク・スタディーズ』というタイトルを冠し、またセックスワーク経験者を中心に当事者と研究者・サポーターらの共同作業によって作られた本書には、これまで「夜の世界」などと呼ばれ色物扱いされがちだった性風俗の仕事をきちんとアカデミズムの中に位置づけるだけでなく、当事者中心の研究を志向したいという思いも込められています。

▼本書の内容と構成

それでは、ここからは本書の見取り図として、各部の概要を紹介していきます。

まず、イントロダクションとして、日本におけるセックスワーカー当事者活動の黎明期からSWASH設立に至るまでを描いたエッセイで本書は始まります。

第1部「社会の中のセックスワーク」では、言論の場で、支援の現場で、市井の人々の意識の中で、そして法制度の中で、セックスワークやセックスワーカーがどのように捉えられてきたかを、その社会的・歴史的背景に触れながら見ていきます。

第2部「セックスワーカーの権利を守るには」では、セックスワーカーが労働者・生活者としての権利、また健康への権利の主体であることを確認した上で、国内外でどのような権利侵害が起きているのか、そうした現状をどう変えていけば良いかを考えていきます。

第3部「セックスワーカーとの関わりかた」では、さまざまな実践の現場から、支援者や表現者はセックスワーカーにどう関わっていけばいいのかを、具体例を挙げながら検討していきます。

その他に、ゲイ男性やトランスジェンダー、青少年とセックスワークとの関わりについて書かれたコラムを各部の終わりに掲載しています。

また、巻末付録として、本書に頻出する重要単語を解説した用語集や日本の性風俗年表、日本の性風俗産業の一覧表、SWASHのWEBサイトで入手可能な資料案内を掲載しています。特に、本書は性風俗産業やジェンダー・セクシュアリティについての基礎的な知識を前提にして書かれているので、分からない言葉が出てきましたら、巻末の各資料を適宜ご覧いただければと思います。

本書が、セックスワーカー支援に取組む／取組もうとする人たち、また広く性風俗の問題について考えたいと思っている方たちのお役に立てれば幸いです。

SWASH

セックスワーク・スタディーズ　目次

第2部　セックスワーカーの権利を守るには

第3部 セックスワーカーとの関わりかた

第0章

セックスワークという言葉を獲得するまで

1990年代当事者活動のスケッチ

ブブ・ド・ラ・マドレーヌ

はじめに

「セックスワーク（Sex Work）」という言葉は、1980年にアメリカでキャロル・リーによって初めて提唱されました。[1] 一般的に使われる「性産業（Sex Industry）」という呼び方は、そこで性的行為を提供する側の人たちの現実が見えにくく、「人」が「セックスという行為」と区別されず、人も行為も一緒くたに「消費されるモノ」であるというイメージを強化します。キャロルはそれに対して「これは労働者が行う仕事なのだ」ということを宣言したのです。労働者には暴力や犯罪から身を守る権利があるという意味もそこには含まれます。1987年にはアメリカで *Sex Work: Writings by Women in the Industry*[2] というタイトルでセックスワーカーたちの手記をまとめた書籍が出版されました。この本は日本語に訳されて、1993年に『セックス・ワーク　性産業に携る女性たちの声』[3]というタイトルで発行されました。

　同じころ、世界各地でセックスワーカーの当事者活動が生まれていきました。１９８５年にはＥＭＰＯＷＥＲ《エンパワー》[4]というセックスワーカー支援団体がタイで立ち上がり、当事者が運動に参加し始めます。つづく１９９０年、パリで開催された第２回国際エイズＮＧＯ会議の場で、それまで各地域で個々に活動していたセックスワーカーの人権活動家がネットワークを作り始めました。それがＮＳＷＰ（グローバル・ネットワーク・オブ・セックスワーク・プロジェクト）[5]です。そしてＮＳＷＰと日本の当事者との出会いから１９９５年に日本における初めてのセックスワーカーのネットワークＳＷＥＥＴＬＹ《スウィートリー》が生まれました。

　このように１９８０年代以降、国際的にセックスワーカーの当事者活動が活発になった理由のひとつはＡＩＤＳという病気の出現です。人類はこの新しい病気によって、身体と道徳観に大きな影響を受けました。世界中でＡＩＤＳ対策が始まった当初、男性同性愛者やセックスワーカー等は感染の可能性の高い集団という意味で「ハイリスク集団」と名付けられました。しかしその名付けは後に「ＨＩＶ感染を広げる張本人」というスティグマにもなり、差別と偏見を助長することになってしまいました。それで男性同性愛者やセックスワーカー等は自分たちでそのリスクの原因を明らかにし、感染リスクを下げるにはどうしたらいいのかについて考え始めました。他のマイノリティの運動と同様にセックスワーカーの人権獲得の運動はＡＩＤＳの時代以前から存在しましたが、ＡＩＤＳをきっかけとした彼女ら彼らの活動は、労働の権利に加えて、健康への権利と生きる権利という人権の主体であろうとする新たなアプローチだったのです。

この章ではこうした世界的な動きを背景に、1990年代前半から1999年のSWASH創設まで、どのようにして日本の当事者によってセックスワークという言葉が獲得され、セックスワーカーの当事者活動が生まれていったかについて述べます。

最初はとても個人的なことだった

1992年秋。私は親友のTから彼がHIV陽性でAIDSも発症していること、そしてそのHIVは彼の男性の恋人とのセックスで感染したのだということをカミングアウトされました。当時、AIDSは発症したら平均余命は3年だと言われていました。

その時、私は6年間結婚していた男性と離婚した直後でした。AIDSについてほとんど何の知識も持っていませんでしたし、自分とは関係の無いことだと思っていました。それで大急ぎでAIDSについての情報を集めましたが、それは同時にかつての自分がそうであったような、AIDSに対する世間の無知と無関心という態度に直面し打ちのめされる日々の始まりでもありました。Tは自分のセクシュアリティについても病気についても親や兄弟に告げることができず、病院で治療を拒否されることさえありました。友人たちと共にTのケアを試行錯誤しながら、私はこのAIDSという病気に対する世間の無知と無関心、また偏見と無理解には、人々の道徳観が深く関係しているのではないかということに気付き始めました。そして私は自分の結婚生活を苦い想いで振り返りました。「愛とセックスの関係」をどう考えるかについて全く他人任せだったこと、自分が既存の道徳観に従いながら夫との関係には向き合っていなかったこと、自分は「女らしさ」という規範に守られながら実は自分の体のことを自分で決める主体ではなかったことなどを、ＡＩＤＳについて考えたり調べたりする中で思い知りました。

また、当時の日本では「ＨＩＶ陽性の友人を持つ人」が必要とする情報を手に入れることは困難でした。「Ｔは何を食べればいいんだろう?」「Ｔはどうしてほしいんだろう?」Ｔにカミングアウトされた数人の友人たちにとって、それまでに経験したことの無い種類の新しい人間関係を自分たちで発明することが切実な課題となっていきました。私は、セックスについても友人との関係においても「自分と相手は何を欲望するのか／しないのか」「自分と相手はどう欲望されることを望むのか／望まないのか」をどのように表明するか／受け止めるかについて、31歳にしてやっと向き合い始めたのです。

１９９３年夏。祇園祭の日、私は生まれて初めて風俗店の中にいました。京都の木屋町《きやまち》通りという歓楽街にあるピンクサロンです。私はある舞台作品の制作と公演をＴや友人たちと始めたところでした。私は学生時代からＴたちと一緒に大学の演劇サークルで活動していて、結婚している間のブランクを経て再び彼らと共に作品を作ることにしたのでした。私たちは作品制作にとても時間をかけるタイプだったので、今回もそれがどれだけ時間と集中力を必要とするのかについて私は覚悟をしていました。ＨＩＶと共に生きているＴにとってその新しい作品は特別な意味を持っていましたし、彼には残された時間が限られてもいます。そして私にとっては、Ｔのケアと作品制作のためには自分が健康で経済的に自立して、とにかく最小限の時間で生活費を得る必要がありました。「風俗の仕事」は当時まだ容姿に自信が無かったので自分には無理だと思っていましたが、自分の提供できるものが最も高額に換算され、かつ労働時間も比較的自由に選べるのは「風俗の仕事」しか無いと思いました。

昼間のピンクサロンの店内で店長に簡単な面接と説明を受け、眠れない一夜を過ごした翌日、幸いセクハラ無しの紳士的な講習を副店長から受け、一世一代の真剣さで最初の客につきました。そしてサービスを終えた時にその客が「ありがとう」と言ったのです。その時私は「ああ、これはやっぱり『ちゃんとした仕事』だったのだ」と思いました。

それまでいろんなことがありました。これから新たにどんなことがあるのだろう。どんなことがあっても私は「ちゃんと」働きたい。迷っている時間はありません。脳みそをフル回転させて考えました。そして「殺害や暴力やＨＩＶを含む性感染症の不安をできるだけ少なくしてしっかり稼ぐ。そして辞めたい時にはちゃんと辞める」という自分の仕事のフォームを獲得しようと決めました。「殺されないようにする」という決意は決して大げさではなく、実際必要な決意だったのだと、私は後に確認することになります。

先述の『セックス・ワーク　性産業に携る女性たちの声』という本に出会ったのはその頃でし

た。「セックス・ワーク」というタイトルが、私のピンクサロンでの経験にぴったり合致しました。「私のやっていることをちゃんとした仕事だって言っていいんだ！」という感覚です。しかしその本の内容は読むには辛かったり難しかったりして、すべて読み終えるまでには何年もかかりました。

ピンクサロンでしばらく修行した私は、旧遊郭と呼ばれる業態の店で働くことにしました。業態が変わっても私の「ちゃんと働く」、つまり「心身の安全と健康を保ちながら納得できる金額を稼ぐ」という方針は変わりませんでした。しかしそれを実行するには、自分ひとりと客の関係だけでは限界のあることが分かってきました。他のワーカーのやり方や気持ちを聞きたいと思いましたが、仕事場でワーカーどうしはなかなか立ち入った話は出来ないのでした。

その頃私は友人たちと「ＨＩＶ／ＡＩＤＳに関する活動」を始めていました。「エイズ・ポスター・プロジェクト（ＡＰＰ）」と名付けられたそれは、ＨＩＶ／ＡＩＤＳに対する無知と偏見に満ちた社会の意識を変えて、感染予防やＨＩＶ陽性者の治療とケアを少しでもマシなものにするための活動でした。私はその感染予防の情報を他のワーカーたちに伝えたくもありました。ＡＰＰは高校生や教師や医療者や行政官などを対象にした展示や講演、映像上映などの活動を行いました。また、さまざまなセクシュアリティの若者が集まるクラブ（ＤＪが音楽を流して人々が深夜に踊る場所）では毎月１回イベントを開催しました。私は毎月そのステージで「ＰＲＯ《プロ》 ＳＥＸ《セックス》」というトークコーナーを担当しました。「セックスワークの現場で今日のお客に対し私はいかにしてセクシーで安全なセックスを教えたか」ということを、ショウ仕立てで講義するコーナーです。1993年冬、そのクラブの楽屋にてるちゃん（榎本てる子さん）が訪ねて来ました。

国際的ネットワークとの出会い

「あのな、ブブ。今度横浜で国際エイズ会議っていうのがあるねんけど、ブブ、自分の仕事の話せえへん?」と、てるちゃん。さっぱり意味が分かりません。国際エイズ会議って何？ 仕事の話ってそんな個人的なこと、夜中のクラブでは話せるけど、国際会議って。てるちゃんは牧師で、カナダでＨＩＶ陽性者のターミナルケアに携わり、日本で外国人や若者や女性を対象にＨＩＶ／ＡＩＤＳの予防と治療とケアの現場を開拓していました。日本ではまだそういった市民活動が広く知られていなかった頃です。私はてるちゃんを信頼して、自分の仕事についての作文を書いて横浜に行き、会議場で発表しました。[6] 1994年夏のことです。

会議場で私が他のアジアの国から来たセックスワーカーたちと並んで発表を終えた時、客席にいた数人が私を取り囲み、ニコニコして「見つけた！」と言いました。性別も肌の色もさまざまなその人たちは、活動を広げ始めたＮＳＷＰのメンバーで、全員がセックスワーカーでした。当時アジアでも共産圏を除くほとんどすべての国ではセックスワーカー自身によるサポートグループが活動を始めていましたが、日本にはまだそれがありませんでした。個人で執筆などの活動をしている人としては南智子さん、畑野とまとさん、菜摘ひかるさん、山口みずかさん等がいました。でも業態やジェンダーを越えたネットワークは存在しませんでした。ＮＳＷＰのメンバーはアジアのセックスワーカーのネットワークを広げるため、日本でのキーパーソンを探していました。てるちゃんはそれを知っていて、私をこの場につなげてくれたのです。

冒頭にも書いたように、ＡＩＤＳ対策の中で男性同性愛者やセックスワーカー、薬物依存があって注射器を共有する人や外国人は「ハイリスク集団」と呼ばれました。この「ハイリスク集団」という言葉の意味は、ＡＩＤＳ以前からすでにある差別や偏見によって、例えばカミングアウトが困難なために医療機関などで自分の生活に即した健康のための情報を手に入れにくかったり、世間の差別を内面化してしまった結果「自分はどうせこんな人間だから」といった気持ちになってしまって適切な予防行動を取りにくいなどといったハイリスクにさらされたグループという意味です。彼ら彼女らがどのようにして自助グループやネットワークを作り地道な啓発活動を続けているのかを、私は幾度か参加した国際エイズ会議等で何度も目の当たりにしました。例えばゲイコミュニティは自ら「セーファーセックス」という様式を生み出し、またセックスワーカーは自分たちは性的なサービスを仕事としてやっているのであり、しかもその中にはセーファーセックスを客に教えることも含まれることなどに気付いていったのです。

横浜での出会いやその後の交流の中で私がＮＳＷＰやアジアと諸地域のセックスワーカーの当事者活動に接して学んだことはたくさんありますが、重要だと思ったのは次の点でした。

・ワーカーが自分で決めたことが尊重されること。
・ワーカーどうしでもお互いに物事を強要しないこと。
・女性だけでなく男性やトランスなど異なる属性のワーカーが一緒に活動することで、それぞれ固有の課題と共通の課題が明らかになりやすく、対策を明確にできる。
・研究者やメディア関係者に対しては警戒すべき人と信頼できる人を賢明に見分けること（ワーカーだけしか参加できないクローズドのミーティングにワーカーだと偽って潜入する研究者やジャーナリストもいた）。
・ワーカー当事者による文化的活動（音楽・パフォーマンス・絵や写真・文芸など）はワーカーにとってはエンパワメントになり、社会に対しても効果的な啓発となる。
・どんなサービス（取材なども含む）も常に「前払い」であること。

「Money first!（前払い！）」という英語を私は横浜で覚えました。それは、不払いやヤリ逃げに泣き寝入りしないというセックスワーカーの宣言であり合言葉でもありました。

当事者が安心できる場を模索して

横浜の国際エイズ会議で自分の仕事を公にカミングアウトしたことで、私は同じセックスワーカーの友人と仕事の話がしやすくなりました。

「今日のお客はね、『ありがとう！　よし、また明日から頑張るかー。お前も頑張れよ！』って言ったよ」

「いいねー！」

「でもその次のお客は酷かった。なんでこんな仕事してるねんって言われたよ……」

「うわ。それ、僕も同じこと言われたことあるよ。でもその客がまたこの間来たんだけどね……」

友人は男性のワーカーでした。私たちはそうやって、一日の仕事の終わりにそれぞれのベッドの中から電話でその日の客の様子をぽつりぽつりと報告しあいました。言葉にすること。聞いてもらえること。それはとても重要なことだと思えました。たぶん、海外のような活発なセックスワーカーのネットワークは一足飛びには作れない。そして、こういった安心して話せる関係が基本になければそれを作っても意味が無いと思えました。

横浜の国際エイズ会議翌年の１９９５年。10月にTはＡＩＤＳによる敗血症で亡くなりました。その直後の12月１日、「世界エイズ・デー」にセックスワーカー・ネットワークＳＷＥＥＴＬＹが生まれました。ＳＷＥＥＴＬＹは「Sex Workers! Encourage, Empower, Trust and Love Yourselves!」（セックスワーカーたちへ！　あなた自身を勇気づけ、力づけ、信じて、そして大切にしよう！）というメッセージの頭文字を取ったものです。最初のメンバーは、東京でソープ勤務と執筆活動をしていたYさん、レズビアン活動家のNちゃん、フェミニズム活動家で性暴力被害者支援等も行っていたMちゃん、そして私の4人でした。

インターネットやEメールはまだ一般的でなく、通信手段は普及し始めたばかりの携帯電話か固定電話とファックスという時代です。情報は主に口コミや紙媒体で伝えられました。主な活動は京都市内と東京都内での月1回のミーティングです。参加資格は日本で働く成人セックスワーカーであること。性別やセクシュアリティ、業態は問わない。仕事の斡旋や、新しくセックスワーカーになる人の相談は受け付けない。国籍や民族も問いませんでしたが、当時はまだ滞日・在日外国人ワーカーの課題に対応することはできませんでした。その部分は、滞日・在日外国人の支援を行う市民団体との連携が必要になってくるということが予想されました。

何をもってセックスワーカー当事者とするのか。どんなルールが必要か。皆で最初から考えました。参加者は多い時で10人前後でした。ここで聞いた他人の話をよそでは言わないこと、人の話はよく聞いてむやみに否定しないこと、できるだけ自分を主語にして話すことといったルールのようなものが、静かに参加者の基本的な態度になっていきました。それは「新しい文化」が伝わっていく過程でした。参加者は、そこでは自分の仕事のこと、体のこと、恋愛のこと、家族のこと、何を話しても大丈夫だということを少しずつ理解していきました。NちゃんとMちゃんはフェミニズムも学んだ市民運動の経験者でしたが、彼女らはワーカーたちに対してどんな指導もコントロールも強制もしませんでした。

私は自分（たち）が「働く限りは安全に、そして辞める時にも安全に」働けるためには何が必要かということを考えていました。ネットワークとして何を優先するのかを示すキーワードは、その時々の構成メンバーや社会の状況によって緩やかに変化していきました。「当事者性とプライバシー」、「自己決定」、「自主と強制」、「エンパワメント」といったキーワードです。しかし、現場で働くワーカーの実感や意見が最も優先されるという基本は変わりませんでした。

同時に私は、今後私たちが嫌なことを嫌だと言えるようになった時、未成年者や外国人や障害者など、より脆弱な立場にある人やワーカーに、客たちのハイリスクな要求がしわ寄せられていくのではないかと想像しました。でもそれに対する具体的な方策は、当時はまだ分かりませんでした。

京都~東京間の交通費や印刷物の製作費といった資金を調達するために、ある女性人権団体の助成金申請をしたけれど門前払いだったこともあります。長い間、活動資金はそれぞれの「手弁当」でした。横浜の国際エイズ会議で出会った川畑智子さんというフェミニストの研究者から、ＳＷＥＥＴＬＹ初期のアンケート調査等に研究費を使って支援していただいたこともありました。また、「エクパット・ジャパン・関西」[7]のメンバーとの交流からは、私たちの活動はフェミニズムと矛盾しないと改めて確認することができました。このように、必ずしもワーカー当事者ではない支援者とのネットワークも徐々に広がり、例えば「セックスワークの非犯罪化を要求するグループＵＮＩＤＯＳ《ウニードス》」[8]が１９９８年に活動を始め、法律の専門家等との連携の必要性も意識され始めました。

セックスワーカーの連帯とは〜国境や業態を越えて

私たちはネットワークの作り方や課題解決の方法、また社会に対するロビーイングやアドボカシーの方法について学ぶために、国際エイズ会議や各国・各地域のセックスワーカー会議等に可能な限り参加しました[9]。

私は、当時の国際会議の様子をある雑誌で次のように報告しました。

会議の場で私たちは、ひどい客の話、警官の横暴、コンドームのうまい使い方、恋人のこと等々を興奮とともに伝え合う。

会議の間は通訳者がいるが、それ以外の時間は片言の英語や、身振り・手振りや、絵文字での交流だ。日常の経験と率直な感情とささやかな意志。SWの会議やミーティングでは、これらが最も尊重されるようにあらゆる配慮がなされている。これが私にとって当初最大の驚きであり、安心感をもたらした[10]。

セックスワーカー会議は、その国や地域のセックスワーカーのグループが大学や女性人権団体、NSWPやILO（国際労働機関）等の国際組織の協力を得て開催します。国境を越えてセックスワーカーどうしが出会うことは、国境を越えて働くワーカーについて知ることでもあります。また、各地のセックスワークにまつわる法律や条例の成立過程や施行後の影響などについて現場の声を聞くこともできました。そして、国際エイズ会議でも各地域の会議でも、ミーティング後には参加したセックスワーカーによる何らかの「マニフェスト（声明文）」が発表されました。

もちろん日本国内にもさまざまなマイノリティによる運動がありましたが、こうした国際会議の場では、当時は「同じセックスワーカーである」ということが何よりも私たちを力づけました。例えば姿形は自分と似ているけれどセックスワーカーではない日本人女性よりも、顔面いっぱいに刺青をした体格の良いパプアニューギニアの女性セックスワーカー（刺青が美人の条件なのです）や、NYの路上でウリ専をしている黒人のゲイ男性の方がよほど親密に感じられました。会議場の廊下にピンクのミニスカートで客をひくポーズで立っていたイタリアのトランス女性ワーカーが、突然私に「なんで客は世界中どこでも同じことを言うかねえ」と言うので、顔を見合って笑ったりしました。仕事のために、そして他のセックスワーカーに会うために、私たちはいろんな所に行くのでした。

1997年、私は「セックスワーク」という言葉について『翻訳の世界』という雑誌に次のように書きました。

奴隷や人身売買や結婚というシステムに含まれる売春と、仕事としての売春をはっきり区別しようという、働く側の意識から生まれた言葉が『セックスワーク』だと私は考えている。[11]

日本でセックスワークという言葉を早い時期に取り上げたメディアの一つが『翻訳の世界』という雑誌だったのは、ある事柄を象徴しているように思えます。それはセックスワークという言葉を人々が翻訳し、理解するには、一定の時間とプロセスが必要だという現実です。

同じ年に私は、別の雑誌に次のようにも書いています。

セックスワーカーとは、『自分自身の行為・外見・イメージなどを、他人の性的欲望の対象として売ることを仕事としている人』と定義できると思う。フィリピンでセックスワーカーの安全な労働と自立のために活動しているある女性は、日本で講演した際、『売春婦』という呼び方は強制的な売春や趣味の売春も含むのに対し、『セックスワーカー（SW）』は、経済に貢献しているというSW自身の意識がポイントだと説明した。（中略）日本語の適当な訳語はまだなく、一番近いのは『風俗嬢』だが、それでは男性のSWが含まれないし、SMクラブやAV産業に従事しているSWで、風俗嬢という呼ばれ方はしっくりしないと感じる人もいる。『性風俗産業従事者』は一見正しいが、ソープのマネージャーやピンサロのボーイ、ポルノ製作者も含んでしまう。[12]

セックスワークという言葉を理解するために一定の時間とプロセスが必要だというのは、SWETLYのメンバーにとっても同様でした。自分たちが安心して話せる場がある程度確保できた時、次の課題となったのは、自分以外のワーカーの働き方や考え方とどのように付き合っていくかということでした。

例えば「ちゃんと働く」という感覚も業態によって異なります。特に売防法の影響で、日本での性風俗産業の業態には「ホンバン産業」と「非ホンバン産業」があります。デリヘルのワーカーが「私はホンバンまではやっていないから売春婦ではない」と考えたり、ソープのワーカーが「私の仕事はピンサロより本気だ」と感じたりすることもあり得ます。コンドームの使用についての考え方も個人差があり、それに加えてその業態に固有の背景があります。また、ストリッパーやヌードモデル、ＡＶの演者など、基本的に客と直接身体接触しない業態もあります。映像やインターネットという技術の出現といった環境の変化によって、客の欲望のあり方とセックスワークの業態の関係もまた変化していきます。ですからここでも重要だったのは、「それぞれのワーカーが決めたことをお互いに尊重しあう」ということでした。

また、ウリ専などに従事する男性ワーカーやトランスのワーカーと初期から一緒に活動できたことは幸運でした。主に男性を客とする女性セックスワーカーでも異性愛の人だけでないし、主に男性を客とする男性セックスワーカーでも同性愛の人だけではないことも知りました。私たちは一緒に活動することで「セックスワーク全体の課題」と「ワーカー自身のジェンダーやセクシュアリティの背景による課題」の関係を意識することができたように思います。

研究対象ではなく生活の主体として

1999年春。木原正博さんという方から連絡があり、大阪地下街の喫茶店で会うことになりました。木原さんは厚生省（当時）の疫学研究班班長で、セックスワークの実態調査とHIV予防対策研究に協力してほしいとのこと。私はそれがセックスワーカーにとってどのようなメリットがあるのか、すぐには理解できませんでした。何のために調査するのですか？　私たちは実験台ですか？　研究者だというだけで私は強く警戒しました。しかし木原さんはその警戒も理解できると言い、これまで厚生省が絡んだ血友病患者の薬害エイズ問題は論外としても、それまでの厚生省のエイズ研究班のHIV陽性者や男性同性愛者やセックスワーカーに対する対応も未熟あるいは不適切な面が多々あったと言わざるを得ないこと、そしてその反省に立ったHIV対策を始めたいのだということを、根気強く私に説明しました。それから数日後、木原さんは市川誠一さんという同じ研究班の研究者を伴って、私が出演しているクラブに来ました。スーツをきっちり着た二人は年齢も体型も少々場違いで、地下のクラブのフロアの熱気で彼らのこめかみは汗ばんでいます。私はその姿を見て彼らは信用できるかもしれないと思いました。

SWEETLYのメンバーで木原さんたちの研究班に協力できると判断した人は、別のグループを立ち上げることにしました。それで生まれたのがSWASHです。「Sex Work and Sexual Health」の頭文字を取ったもので、「セックスワークと性の健康」を意味します。「セックスワーカー」ではなく「セックスワーク」としたのは、「性の健康」が問題になる対象はワーカーだけでなくワーカーと客の双方だからです。セックスワーカーは、自分と客、双方の健康の権利とそれへの責任を有する主体だということの表明でもありました。SWASHの立ち上げには、当時「ぷれいす東京」（現・NPO法人ぷれいす東京）の代表だった池上千寿子さんにとてもお世話になりました。池上さんはセックスワーカーが使う「言語」と研究者が使う「言語」の通訳者であり、SWASHというグループが生まれるため文字通り手取り足取りの支援をする「助産師」の役割を果たして下さいました。

2006年初夏。私は44歳でセックスワークを引退しました。

2018年現在、HIV／AIDSの予防と治療のための医療技術は1980年代当時から大きく変化し、厚労省研究班とSWASHの関係も変化しました。SWASHは地方自治体や他の市民グループとの連携など、その活動の領域を広げています。SWEETLYはセックスワーカーが気軽に立ち寄れる「SWEETLY Cafe」を2018年5月まで定期開催していました。

以上、1990年代の当事者活動を振り返ってきましたが、もちろん「セックスワーカー当事者活動の歴史」は私がひとりで概観できるものではありません。ここで述べてきたのは、あくまで私個人が体験したことです。しかし、どんな個人もその人が生活する社会から切り離されることはなく、社会がその人やその行為をどう評価するかを内面化したり、見直すことをくり返して生きています。それはピンクサロンで働きはじめた私が「セックスワーク」という言葉と出会い、仕事と当事者活動の中でその言葉の意味を掘り下げ、自分のものにしていった過程についても同じことが言えます。ですから、たとえある証言が個人的なものであったとしても、それが社会の「中心＝マジョリティ」から「消費されるモノ」としかみなされて来なかった者が、能動的に考えたり行動したりする主体性を獲得する過程を語ったものであれば、それはこの社会の在り方、ものの見方、権力関係、差別・被差別関係の構造に異議申立てをし、見直しを迫り、覆すことにつながる、極めて社会的・政治的な意味を持つと考えます。個人的な証言をあえて本書の冒頭に記したのにも、そのような意味合いがあります。

それと同時に強調しておきたいのは、私個人がセックスワーカー全体を代表したり、他のセックスワーカーの経験や意見を代弁したりはできないということです。当然のことですが、セックスワーカーではない人が想像する以上に、セックスワーカーはひとりひとり出自も職業選択の動機も働き方も考え方も異なります。しかしそのシンプルなことを伝えるのが、いかに困難なことか。「セックスワーカーの当事者活動」は、その困難に立ち向かう人々の活動です。

セックスワーカーは人々のイメージの中の存在ではなく、現実に生活する人間なのです。

［1］ Global Network of Sex Work Projects, *Carol Leigh coins the term "sex work"* http://www.nswp.org/timeline/event/carol-leigh-coins-the-term-sex-work（２０１８年7月23日閲覧）
［2］ Frederique Delacoste and Priscilla Alexander eds., *Sex Work: Writings by Women in the Sex Industry*, Cleis Press, 1987
［3］ フレデリック・デラコステ、プリシラ・アレキサンダー編『セックス・ワーク　性産業に携る女性たちの声』パンドラ、

１９９３年

［４］ empower foundation　http://www.empowerfoundation.org/everywhere_en.html

［５］ NSWP（The Global Network of Sex Work Projects）　http://www.nswp.org

［６］ この時の原稿は後に次の書籍に収録されました。
Kamala Kempadoo and Jo Doezema eds., *Global Sex Workers: Rights, Resistance, and Redefinition*, Routledge, 1998, p.178

［７］ 「エクパット」は子ども買春・子どもポルノ・性目的の子どもの人身売買を根絶するために行動する組織と個人の世界的なネットワーク。「エクパット・ジャパン・関西」は、国際エクパットの運動の趣旨に賛同した人たちによって、日本国内での法律整備を中心に、国内外の課題に取り組むことを目的として、１９９２年から活動を続けている。
「エクパット・ジャパン・関西とは」　http://ecpatjk.la.coocan.jp/ecpat/about_ecpat.htm（２０１８年８月３日閲覧）

［８］ ＵＮＩＤＯＳは「Uphold Now! Immediate De-criminalization Of Sexwork!」の頭文字。１９９７年の台北市公娼制度廃止政策に抗議する公娼らの活動を１９９８年の京都大学学園祭での企画「セックス＋ワーク」で報告するなどしました。

［９］ アジア・太平洋地域エイズ国際会議（チェンマイ、１９９５年）、国際売買春会議（ロサンゼルス、１９９７年）など。１９９９年以降の国際会議、各地域会議への参加についてはＳＷＡＳＨのホームページを参照のこと。
「ＳＷＡＳＨの活動　１９９９〜２０１４」　http://swashweb.sakura.ne.jp/file/ABOUT_SWASH.pdf

［10］ 桃河《モモカ》モモコ（「桃河モモコ」は筆者の別名）「連帯する世界のセックスワーカー」『週刊金曜日』３０８号、２０００年、金曜日、16頁

［11］ 桃河モモコ「セックスワーカーを名乗るということ」『翻訳の世界』10月号、１９９７年、バベル・プレス、46頁

［12］ 桃河モモコ「セックスワーカーから見たピル」『インパクション』53巻61号、１９９７年、インパクト出版会、53頁

第1部

社会の中のセックスワーク

第1章

誰が問いを立てるのか

セックスワーク問題のリテラシー

要友紀子

はじめに

古今東西、人々のセックスワークについての考え方には、大きく分けて三つあります。

一つ目は、「売買春は性の〈商品化〉で、そのこと自体が性暴力で人権侵害だから、性産業を根絶・禁止すべきだ。そこで働く女性たちは、経済格差やジェンダー不平等を理由に性産業でサバイブしなくていいように保護されるべきだ」という〈根絶・禁止＋婦人保護〉の考え方。

二つ目は、「セックスワークそれ自体が人権侵害なのではなく、労働現場の不安全や、労働者としての性の健康と権利の侵害が人権侵害なのであり、他の産業と同じように、労働の場での搾取や性暴力をなくしていくべきだ」という〈非犯罪化・労働〉の考え方[1]。

三つ目は、「性産業を根絶・禁止すべきとまでは考えないし、そこで働く人たちも他の労働者と同じように人権が守られるべきだが、色々な事情や問題を抱えてやむを得ず働いている女性たちを救済するべきだ」という、性風俗で働く人々を〈救済対象・社会の犠牲者〉としてみる視点に重きを置いた考え方です。

お気づきのように、性サービスを提供する仕事を労働と認めたくない人々は、「セックスワーク」とは言わず「売買春／買売春」と言うので、同じ行為を指しても文脈によって呼称が違います。

これらのうち、〈根絶・禁止＋婦人保護〉と〈救済対象・社会の犠牲者〉の考え方は、その年代ごとに、時代背景や社会状況の文脈に沿って喚起されたり、論じる人のその時々の社会課題への関心に引き寄せて語られる傾向にあります。例えば、セックスワークに関してこれまでＳＷＡＳＨが講演・原稿・取材で求められてきたテーマにはどんなものがあるかというと、「性の健康と権利」、「フェミニズム／ジェンダー」、「セクシュアリティの多様性」、「貧困や生きづらさ」、「性暴力」、「福祉や支援」、「外国人の移住労働／人身売買」、「犯罪被害」、「障害者と性」、といった具合に多岐に渡ります。残念ながら、セックスワークという言葉が本来含意する「労働問題」をメインテーマに据えた学びのニーズはほとんどありません。

ここで押さえておいてもらいたいことは、セックスワーカーの人権をこうした様々な角度・立場から考えなければならないということと、これらの問題のすべてをセックスワーク／ワーカーの本来的な問題として捉えることはまた別だということです。つまり、前者は「セックスワーカーには現在どんな困り事やニーズがあるのか？」という問いの立て方ですが、後者は「何に困っている人がセックスワーカーなのか?」という逆転した問いの立て方をしてしまっているのです。当然、後者の問いから導かれるセックスワーカーは、多様な個別例の集まりではなく、人々のイメージの中にしか存在しません。しかし、ネガティブな背景を持つステレオタイプなセックスワーカー像は、様々な社会問題を考えるきっかけ作りや啓発、解決のプロセスに利用しやすく、社会的にニーズがあります。こうした場面では性風俗で働く人々が「労働者」とみなされることはまずなく、労働三権の確立をはじめとするセックスワーカーの労働問題[2]がなかなか俎上にあがらないのもそのためです。

セックスワーク問題へのこのような無自覚・無批判な関心の持ち方は、セックスワーカーに対する社会的排除を強化してきました。自らの信じる「良い社会」というイデオロギーのためにセックスワーカーを利用することは、セックスワーカーへの搾取の形態の一つと言っても過言ではありません。

この章では、まずこうしたセックスワーク問題の「二次利用」を、具体例を挙げながら批判的に検討します。その上で、誰が・何のためにセックスワークを「問題化」しようとするのか、そしてその問題設定が本当に妥当なのかを見抜くためのレッスンを行い、最後にセックスワーカー当事者運動がそれらの問題についてどのような捉え方やアプローチをしてきたかを見ていきます。

セックスワークに投影される社会問題

(1)貧困問題におけるセックスワーカー

冒頭で、〈根絶・禁止＋婦人保護〉や〈救済対象・社会の犠牲者〉の言論は時代背景や社会状況の文脈に沿って喚起されると書きましたが、ここ近年の日本では、リーマンショックや年越し派遣村があった2009年頃を境に、性風俗で働く人々が貧困問題の文脈でクローズアップされるようになりました。マスコミからSWASHにくる取材の問い合わせも、「派遣切りに遭って風俗で働く人は増えているのか?」「風俗で働いているシングルマザーを紹介してほしい」「奨学金を返すために風俗で働いている大学生を知らないか」といったものが多くなりました。

出版業界やネットメディアは2012年頃から「貧困×風俗嬢」ルポで溢れかえり、テレビも2013～2014年にかけてNHKが「女性の貧困と性風俗で働く人々」を取り上げる一連の番組を立て続けに放送しました。それらは、アンダークラスの人々の悲惨で可哀そうなステレオタイプな物語によって観客の同情やカタルシスを誘う貧困ポルノでした。これらの貧困ポルノにおけるセックスワーカーの役割は、本や記事・番組の内容に説得力を持たせる、あるいは人々の注目を得るというもので、そのため、貧困問題の深刻さを際立たせるようなできる限り脆弱性の高いセックスワーカーが、絶望的な存在として登場させられました。

富が集中しているアッパークラスへの焦点のあて方がわからない人たち、あるいは貧困問題をメジャーな社会問題にしたいという人たちの過剰な欲望は、性産業で生きる人々の姿を、「女性の貧困化」の行く末としてメディアに映し出し、人々の不安を煽りました。「彼女たちはどうして〝風俗嬢なんかに〟なってしまったのか、どうすればそこから抜けだせるのか」といった失礼な問題提起は、〝自立支援〟の充実、女性活躍といったお馴染みの新自由主義的経済政策とともに、「性風俗よりましな仕事に就けるように」「資格取得や学歴が大事」「競争社会で勝ち残らなければこうなってしまう」という暗黙の資本主義的プレッシャーを人々に与えました。資本主義の矛盾の是正と強化が同時並行で行われるという相殺的解決策（現状維持）により、「セックスワークを他の労働と同じく、働く人にとってましなものに」という視点はますます遠のきました。

セックスワーカーが反貧困キャンペーンに利用されたことは、セックスワーカーの労働や環境の改善に還元されないどころか、差別を助長することでかえって後退を招いたと思います。これこそまさにセックスワーカーに対する社会的排除であり、セックスワーカーのイデオロギー的利用です。本来であれば労働三権確立を含む様々な個別の課題の集合であるセックスワーク問題が、世間にある性風俗へのまなざしを通過することによって矮小化、あるいは別の問題に転化されてしまうので、セックスワーク問題の「二次利用」とも言えるでしょう。

⑵女の階級闘争におけるセックスワーカー

もう一つ、現在の日本で広く見られるのが、女の階級闘争にセックスワーク問題が利用される事態です。セックスワークを否定する論では、よく女性の性の〈商品化〉という言葉が使われます。女性の性の〈商品化〉とは、女性が人々から性的対象／商品として見られ、女性の性が貨幣交換の対象となることで、女ジェンダー／女性差別が強化・再生産されるしくみを問題化するための言葉・概念です。ポルノや売買春も、この性の〈商品化〉を助長するものとしてよく槍玉にあげられます。そしてこの概念は、差別される〝集団としての女〟という〝女〟のアイデンティティを形づくり、〝女の〟階級闘争の主体を打ち立てることによく使われます。

しかし、この論を持ち出すときに考えなくてはならないのは、〝女〟にとって何が性の〈商品化〉に該当するのか、結婚制度や他の労働でも性の〈商品化〉と言えないのか、その線引きは難しく、女として嫌なことは人それぞれ違うのではないかということです。そのような意味において、ポルノや売買春を女性の性の〈商品化〉だとして他の行為とは区別して特別に禁止しようとすることは、かえって性の〈商品化〉という概念を矮小化し、「女が嫌なことの基準・範囲・度合」を女みんなで狭めるようなものではないかと懸念します。

もちろん自治体のキャンペーンや企業のCM、大学のミスコンなどが、女性を性的に表象／序列化して宣伝したり利益を得たりする問題もあり、性の〈商品化〉の概念自体は、男社会での女の生きづらさや女性差別をなくすために必要です。それは女性の表象を誰がどのような意味で選び、決めて、何のために・どのように利用するのかという、きわめて重要な議論を可能にするからです。

しかし、性の〈商品化〉批判がされるとき、ターゲットになるのはポルノや売買春ばかりです。

そしてその批判のほとんどは、そこで働く女性たちを性サービスあるいは労働力を売る主体とみなさず、「性産業（や買春客）によって性的に搾取されている人々」という見方をするからです[3]。この場合、「男と女の間には社会的・経済的な力関係があるのだから主体的に売っているはずがない」という見方だけでなく、性産業で働く女性たちにはエイジェンシー（ある社会環境に応じて意思決定し行為する力）自体がないという見方も含まれています。それは時折、支援者や活動家が、性産業で働く人々を言い表す際に見て取れます。例えば、「センサーが狂っているからリスクがあるものでも飛びつく（だから我々が性産業から守ってやらないといけない）」「自分が何に困っているのかわからない人々」「（性産業で働いたことを）後悔して苦しむ」等。これらの言葉の数々が発せられる時、男たちが女たちの意思や主体性を認めないパターナリズムの論理を彼女たち自身が内面化してしまっていることを感じざるを得ません。女性解放運動が、性風俗「から」女性が解放されることだけに熱心で、労働者としてのセックスワーカーの権利保障や差別撤廃等、「セックスワーカーとしての解放」をアジェンダに入れてこなかったのは、性風俗で働く女性たちを弱者として扱ってきたパターナリズムの当然の帰結なのでしょう。

女の階級闘争によって男（社会）に対抗するためには、女としての集団的アイデンティティを維持・強化し、女たちの帰属意識を発揚することが必要です。このような女性解放運動の中で、セックスワーカーは、女性の性の〈商品化〉の象徴としてスティグマを付与され続け、女として生まれてきたことの悲惨さを表すパブリックイメージを体現する役割を期待されます。そこには、「男と比べて女がいかに恵まれていないか」という（男社会に対する）説得力と引き換えに、セックスワーカーへのスティグマ・差別が強化・再生産されるしくみがあります。これもまたセックスワーク問題の不正な「二次利用」と言えるのではないでしょうか。

一方で、セックスワークを擁護したい人の意見の中にも時々、「二次利用」は見受けられます。こうした人々は性産業について、「街の経済に貢献している何兆円産業である」と経済効果を強調したり、「性犯罪を抑止している」、「社会的排除に遭った人々のセーフティーネット」などと言って社会的・経済的有用性を強調したりします。こうした意見は、拝金主義、社会のヒエラルキー、セクシズムに対する無批判な態度が特徴です。

セックスワーク問題のリテラシー

次に、こうしたセックスワーク問題の「二次利用」の危険性を踏まえて、セックスワークに関する情報のリテラシーについて考えていきたいと思います。私たちSWASHは、セックスワーカーたちの要望や声を社会に伝える機会があるときは、「何%の人がこのように回答した」というふうに、調査結果に基づいた声や、ホットラインの相談データベース（第7章161頁参照）からわかる客観的な根拠を紹介するようにしています。ここで、「性産業に批判的な人や団体もまた、当事者からの相談や声を論拠にしているのでは?」という疑問をもたれると思います。

表1　〝一般婦女子〟のセックスワーク参入防止とセックスワーカー支援の違い

・当事者以外からの告発も受ける	ホットライン	・当事者のみ受付が基本
・歓楽街アウトリーチ	アウトリーチ	・風俗店アウトリーチ
・居場所提供	当事者面談	・現場相談、現場講習、相談カフェ
・被害に遭いそうな時や遭ったときのための情報発信	情報発信	・被害に遭わないための安全な働き方に関する情報発信
・当事者の参入背景に注目した調査	実態調査	・現在のニーズと問題に注目した調査
・警察や入管との連携、研修、情報提供	関係機関との情報共有	・オーナー研修や周辺ビジネスとの連携、情報共有
・金銭感覚を治す支援、職業訓練 ・企画運営は当事者でないことが多い	（その他）	・顧客への啓発 ・企画運営は当事者が中心

性風俗やセックスワークに関わる人々の支援団体・グループには、「性風俗から〝一般婦女子〟を守る」という方向性のものと、「性風俗で働く人々を守る」という方向性のものがあります。といっても、「福祉は風俗に敗北している」「ＪＫビジネスに負けるな」がキャッチフレーズとなって、風俗店をライバル視し、風俗で働こうとする若い女性の取り込み先を福祉や支援団体に変えていこうという運動が一大ブームになっているように、「性風俗から〝一般婦女子〟を守る」系の活動のほうが人気です。これらの活動における当事者／受益者へのアプローチの仕方、取り組みの特徴を表したのが**表1**になります。

重要なのは、こうした活動の方向性や重点の置きどころによって、当事者からの相談ランキングの結果にも違いが出るということです。例えば、自殺や自傷行為などメンタルに関する悩みや生きづらさの相談が多い団体もあれば、ＳＷＡＳＨのように風俗で働く現場レベルの相談が多く、性感染症、客・店からの被害が相談ランキングの上位に来る団体もあります。また、仕事のスキル向上・発展を目指す当事者団体だと、接客の仕方を含む幅広い相談のニーズがあると思います。

また、一見似たような活動をしていても、課題設定の範囲が異なることもあります。例えば、風俗店で現場相談を行うことを活動内容としている団体が複数あったとします。このとき、どこまで風俗店と協力関係を作るのかという問題があります。

風俗店からの協力を得てお店の中で相談会をすると、例えば「店の人にセクハラされた」とか、「講習で性被害に遭った」といった相談はしにくいかもしれませんし、客からの被害（ストーカー等）についても、お店に内緒で客と外で会ったことがあるということを隠している人は言いにくいかもしれません。その結果、親の介護や遺産相続、体が疲れやすい、お金がないといった、セックスワーカーに限らず一般の人なら誰でも悩むような相談が多くなってしまうこともあり得ます。するとその団体はセックスワーカーの悩みの枠、内容、範囲、さらには取り組む問題の範囲を予め決めているのか、もしくは、「風俗店に行って風俗嬢向けの相談会をしている」という事実だけがほしいのか、ということを疑われてもおかしくありません。現場介入というと聞こえは良いですが、風俗店は自分の店で働く人を集めたいので、「うちの店は相談会もやっており、働く人のことを第一に考えているいいお店」というイメージを求人広告に利用したいという思惑があり、そこで利害関係が一致することもあります。

例えば私たちＳＷＡＳＨが、「風俗店で相談会をさせてほしい、協力してください」とお願いするということは、お店に対して「セックスワーカーたちに生フェラサービスをさせるな！」「セクハラ講習をやめろ！」「オーナー側の多すぎる取り分を再分配しろ！」といった意見を言いにくくなり、その制約の下で関係構築をすることが求められるということです。「なかなか稼げなくて生活が苦しい」というセックスワーカーからの相談があったとして、それを生活問題と捉えて生活保護の申請や公共料金が少しでも安くなる手立てを考えるのか、あるいは労働問題と捉えて、そのワーカーにお店の店長や幹部たちの給料を再分配することにも取り組むのかは、支援団体の問題意識に拠ります。

したがって、重要なのは、どういうアプローチの仕方をして相談事業を実施するのか、聞き取った相談データベースを誰がどのように利用／活用するのかということです。セックスワーカーの相談データベースというのは、女性活躍・女性自立・婦人保護・若年女性被害対策・介護人材確保政策等々、支援団体の数だけ読み解き方があり、ロビーイングへの活用のされ方があります。政策提言する団体にとって、セックスワーカーの調査結果や相談データベースは喉から手が出るくらいほしいものです。将来的な公的予算の獲得がかかっており、それによって事業拡大、スタッフの調達などが左右されるからです。だから私たちは、ある特定の団体の提示する調査結果や相談データベースだけに依拠して物事を判断しないように、情報のリテラシーをもつ必要があるのです。

障害があるセックスワーカーという見方

それではここで、一つのケーススタディに取り組んでみましょう。いま、「知的障害があると思われる人がある風俗店で働いており、問題になっている」という情報を耳にしたとします。大変だ、辞めさせなければ、と思う前に考えてみてください。実際にどの程度の知的障害のあるセックスワーカーがどれほど危険な目に遭っていて、どこまで問題対応できているのか等のアセスメント以前の段階で、「知的障害があると思われる人が風俗で働くこと」を一括りに問題化することは果たして妥当でしょうか。

ここで考えたいのは、風俗における被害は障害を選んでいるのかどうかということです。健常者のセックスワーカーの被害のケースも考慮に入れた場合、大抵の被害はワーカーの属性や背景、ジェンダー、障害を選ばずに起こっています。そして、セックスワーク自体が本来被害を伴う仕事というよりは、社会的フレーム／法的フレームによって、被害に遭いやすくなる条件は変わってきます（第7章165頁図1参照）。

また、風俗と言っても、働いている人たちがみんな同じようにお客さんの傲慢な要求にまじめに従って耐えているばかりではありません。空気を読まないセックスワーカーは例えばフェラチオのときに平気でコンドームを使いますし、嫌なことはしません。これが障害のために空気が読めないのか、鉄のハートだからなのか、作為的にそうできるのかは、ワーカーによっていろいろあると思うのでわかりません。逆に、空気を読もうとするまじめな人は、まじめにお客さんの要求通りにしようとして、大変なストレスを抱えます。障害の有無に限らずすべてのセックスワーカーにとってのリスクアセスメントというのは、

・作為的／非作為的に空気を読まないということができるか
・他者からの強い働きかけに対して自分の軸がぶれずにいられるか
・手コキだけの風俗店や、受け身にならなくていい業種、フェラチオでコンドームが使えるなど、自分に負担の少ない働き方ができる店（または店長）や業種を選択できているか
・アンダーグラウンド（違法）領域などの区別ができているか、自分を守るための知識やネットワークをどれくらい持っているか
・（顧客を取捨選択できるように）安全な固定客を継続して維持できているか

などなど、いくつもの指標があり、支援者の側もその結果に応じて寄り添い方は変わってきます。したがって、知的障害をもつことが即現場でのリスクにつながる／即介入が必要だとは言い切れないのです。

しかし、「知的障害のある人が風俗で働くこと」だけに特別に注目して、この社会が持つ障害に対する未成熟／未発達概念に従えば、知的障害が疑われる人がいると言われている激安風俗店のセックスワーカーらは、労働者として扱うのではなく保護更生や福祉支援のみの対象にしましょうという、差別的まなざしにさらされてしまいます。ではどうすれば差別の助長にならないかというと、風俗で働く人だけをターゲットにせず、いろんな職業の現場にいる、知的障害があるかもしれない人、発達障害の人、生きづらさや困難を抱えている人等、すべての人が利用しやすい支援にし

て、風俗や障害を有徴化しなければいいだけのことなのです。もしセックスワーカーのような特定の職業や被差別コミュニティを対象に〝特別支援〟をする場合は、社会的フレーム／法的フレームによる被害のこともちゃんと取り上げるべきです。同時に、あらゆる労働における能力主義、就職・賃金差別をなくし、すべての人が平等に希望する仕事と賃金を得られる社会を目指すべきことは言うまでもありません。

なにを問題と捉えるか

ここまで述べてきたように、セックスワークは、貧困・男女格差といった既存の社会問題を一方的に投影してバッシングされることがあります。また逆に、性産業の経済への貢献や社会的・経済的有用性を強調することで、ジェンダー格差や経済格差といった問題が忘却される場合もあります。

いずれも、「様々な不平等がある中から、どうやって平等にしていくか」という視点で取り組む世界のセックスワーカー当事者運動のスタンダードな考え方とは、立場を異にするものです。セックスワーク問題を、貧困問題としてでもなく、男女格差問題（性の〈商品化〉問題）としてでもない、人権問題として取り組む私のスタンスにおいては、「対資本家」「対男社会」といった階級闘争がするように、「セックスワーカーはこうだ」と押しつけたり、ある価値や政治目標を共有しなければ「セックスワーカーとして失格だ」と決めつけたりすることはありません。それをやると、女性解放運動がセックスワーカーコミュニティに対して取ってきた態度と同じような振る舞いを、セックスワーカー運動がセックスワーカーたちにしてしまうことになるからです。

女の中に、女ジェンダーを利用してサバイブする人がいてもいいし、女ジェンダーから解放されて生きたい人はそうしてもいい。セックスワーカーも同様です。なぜなら、人は誰しも何かに依存して生きていて、その依存先が、資本主義やセクシズム、性とまったく無関係というのは、この社会では考えにくいことだからです。だからこそ、世界のセックスワーカー運動は、社会に様々な問題や不平等があることを認めた上で、セックスワーカーの中でもさらに重層的な困難を抱えた、脆弱性の高い属性の人々と共に、セックスワークも、顧客も、金を動かし分配する者も、組織も、公的機関も、よりましな依存先にすることを目指すのです。

その一環として例えば、セックスワーカーとしてできる再分配や相互扶助の試行錯誤があり、売れっ子のセックスワーカーが資本家の客から得る報酬を、売れないセックスワーカーの支援のために使う活動[4]や、セックスワーカーによるセックスワーカーのための基金や銀行などがあります[5]。こうした当事者たちの現場や活動がどれだけオルタナティブか、ほとんど知られていません。ほとんどの人は、国や行政、研究者、支援者等の特権階級かアッパーカルチャーによる性産業への介入でセックスワーク問題の解決を考えますが、こういったマジョリティにはないローカルな価値観や文化は、依存の中で生きるすべての人々にとって学ぶことが多いはずだと私は思います。

［1］〈非犯罪化・労働〉の考え方は、「セックスワーク論」とも言われていますが、最近出てきた新しい考え方ではなく、日本キリスト教矯風会の廃娼運動をめぐる伊藤野枝・山川菊栄らの論争（１９１５年）、売防法制定時に数々の赤線従業婦組合が繰り広げた売防法反対運動（第4章96頁参照）、赤線従業婦たちと市川房枝・神近市子ら女性議員との論争（１９５５〜１９５７年）、１９７０年代ウーマン・リブ運動での一部のフェミニストたちの言論等、昔から存在します。

［2］２００９〜２０１０年にかけて行なった調査によると、「風俗嬢が安心安全に働くために何が必要だと思いますか」という質問に回答した１８７人の風俗嬢の主な回答（自由回答）は以下のようなものでした。

顧客のモラルやマナーの向上・検査の実施／コンドーム使用の徹底／信用できる経営者（お店）の管理運営体制・従業員サポート／自己管理・自覚（プロ意識）／知識・技術／ＨＩＶ抗体・性感染症検査／相談機関・専門職によるサポート／セックスワークに対する社会の意識を変える／その他（労働組合、法整備等）

（東優子、要友紀子他「性風俗に係る人々のＨＩＶ感染予防・介入手法に関する研究 女性セックスワーカーの意識・行動調査」厚労科研エイズ対策事業『個別施策層（とくに性風俗に係る人々・移住労働者）のＨＩＶ感染予防対策とその介入効果の評価に関する研究 平成21年度 総括・分担研究報告書』33-34頁）

また、２０００年の調査では、フェラチオでコンドームを使いたいと思っているセックスワーカーは6割以上いることがわかっています（池上千寿子、要友紀子他「性産業従事者の知識、行動、予防介入に関する研究」『ＨＩＶ感染症の動向と予防介入に関する社会疫学的研究 平成12年度 総括・分担研究報告書』１６３頁）。このように、セックスワーカーたちは、労働課題に関して改善のサポートやリスク軽減の対策も求めているのです。

［3］中間搾取を排除し、独立開業しているセックスワーカーが多い海外であっても、「自由意志ではなく社会的強制によって働かされている人々」という言い方は日本と同じように多く見られます。

［4］ローリングストーン日本版「米国のセックスワーカーは、いかにしてトランプに抵抗しているか」２０１６年12月13日付 https://news.ameba.jp/entry/20161213-1169（２０１８年8月3日閲覧）

［5］セックスワーカーによるセックスワーカーのための基金レッドアンブレラファンド　https://www.redumbrellafund.org/
セックスワーカーによるセックスワーカーのための銀行ＵＳＨＡ　http://ushacoop.org/

第2章

セックスワーカーとは誰のことか

社会の想定からこぼれるワーカーたち

宇佐美翔子

はじめに

私は現在、性暴力被害に遭われた方やＤＶに遭われた方を、オールジェンダーで性別・性的指向にかかわらずサポートするという仕事をしています。この章では、相談支援の現場でこれまで見聞きしてきたことをもとに、セックスワーカーの支援に携わる／セックスワーカーの問題について語る際の想定の狭さが何をもたらすかについて考えていきたいと思います。

私はこの支援業を始めてからまだ10年くらいですが、その前の18歳からの20年間は、主に夜の仕事をしていました。一番最初に働いたのは歌舞伎町のおなべバーで、その後、新宿、赤坂、苫小牧、札幌と、おなべバーだけでも６軒働きました。おなべバーというのは、生まれた時に女性の性別を割り当てられた人が、男性の服装と髪型で男性として仕事をするホストクラブのような所です。当時は、トランス男性と異性装をしているボーイッシュな女性との境目がはっきりしない時代でした。私は男性として生きたいというふうに思っていたわけではないのですが、それでもボーイッシュな姿でおなべバーに勤めている期間が10年ほどありました。他には赤坂のいわゆる高級男装クラブや、歌舞伎町にある女性として働くクラブ、スナック、それから大箱のキャバレーで働いていたこともあります。

最初にセックスワーカーとして働き出したのは、札幌のすすきのでした。お店に入ると受付があり、その奥はパーテーションで仕切られた2畳くらいの部屋になっていて、そこに女の子たちが待機しています。お客さんが受付を済ませると、店長がインターフォンで各部屋で待機している女性に連絡し、お客さんが来ると接客をするという流れです。ピンサロと言っているけれど、内容としてはイメクラのような感じでした。「女子校生をやれ」と言われれば制服を着るし、時代を感じますがレースクイーンをする時はハイレグの衣装を着て言われたポーズをとり、おもちゃのカメラで取られるふりを演出する。その後、全身リップで体中にキスしたり舐めたりし、フェラチオや素股で射精まで、という流れで1コースのお仕事です。

夜の仕事をずっとやっていく中で、女性専用の風俗でも働いていました。昔渋谷にあったお店ですが、口や指を使ってサービスを提供したり、ペニスバンドを付けて挿入したり、お客さんがバイブやピンクローターのようなおもちゃを持って来ることもありました（ただし、お客さんが自分用に使う場合のみＯＫで、お店で働いてる人にはおもちゃは使わないでくださいねというルールでした）。

30歳を過ぎると風俗業界では人妻枠みたいなものになるので、（私はレズビアンなのでまだ日本では法律上の妻にはなれませんが）人妻ＳＭデリヘルで働いたこともありましたが、怪我をしたりして、ハードなこともありちょっと早めに辞めました。唯一したことがないのはソープでのお仕事です。

こうした経験を経て支援業を始めることになるのですが、元セックスワーカーの支援者として働く中で、他の支援者とのズレを感じる場面も少なくありませんでした。この時の体験は後ほど述べるとして、まずは支援の現場でセックスワークというものがどのように想定されているかを見ていきます。

支援者の想定の狭さ

まず、「セックスワーク」ということ自体をざっくりと定義してみましょう。セックスワークをしている本人が「援助交際」や「バイト」「出会い系」「神待ち」など、いろいろな表現を使うということはひとまず脇に置いて、ここではセックスワークを「性的サービスを媒介にした金銭の授受があり、それで生活をしたり、なんらかの生活の足しにしている」という意味で捉え、広く考えてみようと思います。

実際にセックスワークというのはそういうことだと思いますが、支援現場において支援者が想定しているセックスワークというものは、実はものすごく狭い。例えば、風俗の業態にどんなものがあるのか分からない状態で誰かに「風俗で働いているんです」と相談された時に、即座に「ペニスの挿入があるんだ」と勘違いしてしまうことが多い。非ホンバン＝挿入なしの風俗業を想像しにくい、もしくはしていない場合があるのです。

また支援者には、「若年女性が詐欺の被害に遭った」「強要された」「脅しの被害に遭った」というSOSの電話や相談を受けたり、「セックスワークは人身売買の温床じゃないか」と主張する他の支援者に接する機会もあります。そうすると、「セックスワークや売春は悪いことで、自分を汚すなんてとんでもない」といったような、「根本的にその仕事をしなくていいのに」という価値観のもとで発言をしてしまったり、その職種を否定して良いと思ったりしがちです。また、「セックスワークなんて誰も好きでやっているわけがないから、誰かに指図されて嫌々やっているんじゃないだろうか」という無意識の前提のようなものを持ってしまっている支援者も多いと感じます。これは単なる想像ではなくて、私が実際に被害相談を受ける場所で目にしたり耳にしたりしてきた、支援現場の様子です。

私たちは、セックスワーカー全体をちゃんと把握するということをしなくてはなりません。セックスワーカーにはいろんな人たちがいるということを本当に具体的に想像できているのか、頭の中で振り返ってみてください。例えば、「若い女の子たちがこういう仕事をしていて……」という語り口で話し過ぎていないか？　性別も女性であると自分の中で決めつけてしまっていないか？　また、その人のセクシュアリティについても考えたことがあるでしょうか？

あるいは、セックスワーカーの多様な生活状況を単純化して、「困窮している大変な人たち」というふうに見ていないか。専業でセックスワークだけをしているのか、それとも副業としてやっているのか？　短期だとして、何月までやろうとしてる人なのか？　セックスワークはその人の生業の中でどの程度の比率なのか？　「お金はあるけれど自分の居場所としてセックスワークをしているのだ」という人や、「今月必要な物があるから、ちょっとここはひと踏ん張りがんばろう」という状況の人、「今よりさらに良い生活をしたくて、その足がかりとして働いています」という人も想定できているか。

それから、セックスワーカーが使える社会資源というものを想像できるでしょうか。セックスワーカーの身の上に起きるいろんな状況に対して、この国の制度や法律は使えるものかどうか。

また、セックスワークにどんなサービスがあって、そのうちのどんなサービスが危なくて、というふうに、サービス形態の違いとそれぞれのリスクが何なのかをちゃんと理解しているのか。あなたが支援者なら、ゴムあり・ゴムなしというところも想像して、「その店はゴムつけてんの？」と質問できるでしょうか。「射精したものについては飲む」という規則になっているかどうなのかというところまで聞けるでしょうか。あるいは、売り専・援交・掲示板などの人目につきにくい無店舗型の業態で働くワーカーのことも、想定できているでしょうか。

支援現場が主に想定している若年女性や外国人女性のセックスワーカーについて声高に言うだけで終わってしまっては、「セックスワーカーのサポートをしている」とは言えません。あらゆるパターンで働く人、あらゆる性別・年齢を想定しながら、嫌々ではなく自分自身が納得してセックスワークに携わっている人たちとも接して、当事者の話を聴くことを省かないでやっていかなくてはならないと思っています。

コミュニティの言葉を覚える

それでは、次に支援者の想定からこぼれてしまいがちなセックスワーカーの例として、トランス男性のセックスワークについて見ていきます。トランス男性のセックスワークには店舗型のものもありますが、それとは別に個人で客を探す「売り専ボード」というものがあり、「売り専・FTM・ウリ」等で検索するとひっかかります。掲示板の中を見ると、例えばこんな投稿があります。

「都内でサポしていただける方募集してます。都内でホ別0.8、ゴム付でしたら挿し大丈夫です。未ホル／未オペ／見た目は中性的だと思います。プロフィールと場所を明記の上メールしていただけると助かります。よろしくお願いします。」

この投稿の意味が分かるでしょうか？　答え合わせは後に回すとして、コミュニティの言葉を覚えるのはとても大事なことです。例えば電話相談で、ワーカーが「ホテヘルで働いていて……」という話をした時に、相談員が「ホテヘルって何?」と言ったとします。その時、相談した人が思うのは、「この人、そういう業界のことを知らないで今まで生きてこれたんだな」という別世界感です。そうやって、夜の仕事や風俗に近寄るような人生ではなかった人が話を聴いているんだな、ということを相談者は敏感に感じ取ります。

日本の性教育は皆さんも知っている通り、あって無いようなものです。私は48歳ですが、私の時代は初潮・妊娠・避妊・出産くらいしか勉強していません。性についての相談を聞く機会がある人たちは、そもそもこの国にいてぽわっと生活をしていたら性に関する知識はあまり身につかない、という自覚を持ってください。もう少し積極的に、コミュニティの中で使われている言葉や、町の中、ツイッター上で若者たちが使っている言葉に敏感になり、それらを学ぶことが必要ではないでしょうか。その言葉を知ってさえいれば、相談者は次の話をしやすくなります。

最近では「援交」という言葉を使うとネットで投稿が削除されるようになってきたので、ワーカーたちは新しい言葉を頑張って作ります。先ほどの投稿を見てみましょう。「サポ」は「サポート」のことで、この投稿をした人はお金を出してくれる相手を探しています。「ホ別0.8」はホテル代別で8千円という意味です。「未ホル」ということはホルモン治療はしていません。「未オペ」なので性別適合手術もしていません、だからヴァギナはありますね。そしてゴムをつけてくれたら挿入してもいいですよ、と言っています。もう一つ見てみましょう。

「金欠で困ってます。サポしていただける方いませんか？　生、アナルはＮＧ、ホ別１〜２希望。こちらはホル、胸オペ、完パスＦＴＭ、足なし」

ホテル代別１万から２万と、少し幅を設けています。ここでは胸の手術をしたことは分かりますが、下（性器）がどうなっているかは分かりません。「完パス」とはぱっと見で男の人に見えるということですが、体の状態は分かりません。この後のやり取りの中でそれが明らかになって、「どういうプレイにしましょうか」という交渉をしていくことになります。「足なし」は交通手段がないということです。

支援の現場に立つ人、またセックスワーカーに出会うかもしれない人で、こういったサイトをまだ見たことがないという人は、少しのことですからネットで検索してみてほしいなと思います。出会い系アプリもたくさんあるので、試しに登録してみてください。どういう情報があって、ワーカーたちがどういうふうに出会いを求めていて、どのようにネットワークを作ろうとしているかも分かりますし、その中で何がリスキーかも分かるかもしれません。

トランス男性セックスワーカーのリスク

続いて、トランス男性セックスワーカー特有の困難について見ていきます。まず、トランス女性が働くニューハーフヘルスでは、コミュニティやネットワークがあって、仕事上のテクニックや働き方について相談できる仲間がいますが、トランス男性の場合は先に見たように個人交渉系が多く孤立しやすいのが現状です。

性自認が男性で、ジェンダー規範も男であるトランス男性は、そもそも性的サービスを提供する側になると思われていません。「（女性から）男になり、男として生きるなら、サービスをされる側だろう」というふうに社会は思うでしょう。そうするとトランス男性が「でも自分は、男としてサービスをしたいんだ」と思った時に、人に言いにくくなります。働く店も少ないので、自分で何とかするしかありません。

トランス男性がセックスワークをする理由にはさまざまなものがあります。ホルモン治療を継続的に行うのにはお金がかかりますし、時には手術などでまとまったお金が百万単位で出ていくこともあります。今まで女性として生きてきたトランス男性にとって、治療で見た目が少しずつ変わっていく中、女性として働きながら必要なお金を貯めるのには困難が伴います。家族関係の良し悪しによっては経済的援助を受けるのが難しい場合もあり、治療や手術の費用を自力で何とかしようと、自分自身の選択としてセックスワークを始めることもあります。

あるいは、自分の身体の女性的なところを攻撃したいからという人もいます。「それって自傷行為じゃん」と思うかもしれませんが、その人にとってはその過程が必要でやめられない場合もあります。何かを乗り越えるためにやっているかもしれないので、「安全を守れ」とは言えても、「なんでそんなことをしているの、絶対にやめなさい」と単純に言って済むことではありません。

また、ホルモンの投与によって性的欲求が高まるということでセックスワークをする人もいます。この場合はセックスワークというよりは出会いが目的で、お金のやり取りが発生しないこともあります。「やられたい・入れられたい（挿入されたい）」という欲求がある人は、それが男性の性規範に当てはまらないため、自己嫌悪に陥ることもあります。また、その欲求を口にすると他のトランス男性に笑われたり、「男に入れられたいと思ってんの？　せっかく男になったのに？」と言われたりすることがあるそうで、コミュニティの中で相談しにくい要因の一つになっています。

トランス男性セックスワーカーの身体的リスクについては、ホルモン投与や子宮摘出などで、女性のどの身体的機能が使われないようになっているのか、あるいはまだ使える状況のままなのかによって変わってきます。トランス男性にしてもトランス女性にしても、実際に相談を聞く際は、相談者の身体がどういう状況になっているかをすぐに頭に思い浮かべられないといけません。卵巣があり排卵もある状態でヴァギナを使う場合は妊娠のリスクを考える必要がありますし、精神的に、子宮という女を連想する部分を使いたくないからアナルを使う、という場合もあります。

また、本人が女性の身体に無関心な時期が長いこともあります。自分を女だと思えていない頃に性教育の話を聞かされても、自分のことだと思えない。学校での性教育の多くは、身体に関する知識と一緒に、幸せな結婚をして周囲に祝福され、家庭を作って、子どもを産み育てるといったことも授業で見せられるので、その時点で関心を失ってしまいます。自分がそこで描かれるモデルに当てはまらないと感じ、聞くのがほとんど苦痛だったという人たちも多く、女性の身体について必要な知識があまりない人もかなりいます。こうした人たちは女性の身体機能に嫌悪があったりするので、何か身体に不調があっても産婦人科などの病院に行けず、リスク管理能力が低くなってしまいます。

支援者にも多様性が必要

こうしたセックスワーカーひとりひとりの固有の課題を考えていくと、支援者は仕事・生活・恋愛や性のありようについて、自分がふだん当たり前と思っていることを疑ってみる必要があることが改めて分かると思います。実際、相談者というのは多様な背景を持っているものですが、相談を聞く側の人は実はあまり多様ではなく、似たような考え方や経歴だったりします。

ここまで書いたところで、では、私自身が元セックスワーカーの支援者として経験したことを振り返ってみます。支援／相談現場に入ることになったのは、ＤＶ被害者支援団体の方と繋がったことがきっかけでした。そこから性暴力被害者支援やＤＶ被害者支援の現場に入っていくことになるのですが、その時点で私は異色な相談員でした。

多くの場合、女性に関わる相談員というのは婦人相談員や福祉を勉強した人、フェミニストカウンセリングを勉強した人などで構成されており、全国の相談員に出会う機会の中でも、５年ほどの関わりの間で元セックスワーカーと名乗る相談員には出会いませんでした。また、日々の相談や学びの中で、女性が性的なサービスを提供して対価を得ること、それを買うことについては概ね、社会の中でもっとも憎むべき《悪》だという会話や研修などがあり、その中で自分が元セックスワーカーであるということを言えない雰囲気が立ち込めるのを24時間感じていました。しかし、相談者の中にはセックスワーカーの方ももちろんいて、その相談を聴く際にもセックスワークを否定するところからしか話が聞けない相談員が複数いることを感じる日々が続いていました。私が元セックスワーカーだと知ってもこの人たちは同じような言葉を発するのかと疑問に思い、ある日私は、上司に「自分がセックスワーカーであることを、仲間の相談員に対してや、意見を求められる場面では言いたい」と告げ、「今はまだ言わない方が身のためだ」と、言われました。

これが、全てと言っていいほど、セックスワークに対する偏狭な感覚は支援現場に染み付いていて、セックスワークは仕事だと言っても、セックスワーク全体を被害と捉えている人たちの前では、職業として向き合うことへのエンパワメントを得ることは困難でした。現に、セックスワーカーが確定申告の相談をしているのに対しても「なぜそんな仕事をしているのか?」を勝手に問題として語りかけたり、「職場の経理の人に相談したら?」と現場を知らないとしか言えないような見当違いなことを言ってみたり。あるいはセックスワーカーと恋人の話に対して、「恋人は知っているのか? 知ったら悲しむからやめなさい」とアドバイスをしたり。そこまで話したところで、相談者が「セックスワークの中で知り合って恋人になったので仕事のことは知っています」と言うと、相談員が言葉をなくすという場面も実際に目にしてきました。

セックスワーカーの権利を考える時に、透けて見えるのは、社会が想定する仕事、社会が想定する恋愛、社会が想定する性のありよう、社会が想定する生活がそのまま、相談員の尺度になっている場合が、多くの場面であるということ。そして、そのまっとうさや健全さのようなものを、一個人の人間の幸せの尺度を測ることに使ってしまっているということです。「女性の相談」と言われれば「同じ女性でも多様な生き方がある」と分かっている人たちでも、《性》が関わることになると、多様性を尊重することが難しくなる現実があります。さらに多様な生き方の一つとしてセックスワーカーの生き方をリスペクトしようと思う人は減っていきます。それを日常業務の中で味わったことで、私は自分自身が元セックスワーカーだと仲間たちに伝えるということを始めました。

その結果、今まで誰に聞けばいいか分からなかった風俗店の業態について、働く者同士のコミュニケーションについて、安全の確保について、感染症や店の衛生について、検査について、料金の取り分について、どんな状況で働くことになったかということや、働いている時の気持ち、体位や風俗業界で使われている言葉などを共有できるようになりました。元セックスワーカーだと告白することは私にとっても賭けでしたが、それを言わなければ、セックスワーカーたちはずっと二次加害やお門違いなアドバイスをされ続けると思いましたし、元セックスワーカーだと相談員である私自身が告白できないなら、そこは安全に相談できる場所ではないということでもあったのです。

想定の狭さと知識不足がＳＯＳを遠ざける

当事者たちは、ここまで見てきたように支援者の中にもいろいろな偏見や差別があるということを十分に理解していて、相談と言っても自分が相談していいのかなと不安を持っています。例えば、セクシュアルマイノリティのセックスワーカーは、相談する時にセクシュアリティと職業の両方をカミングアウトする必要性があっても、「支援者にびっくりされるなら喋らないでおこうか」となってしまいがちです。自分たちは社会の中で想定されてないと自覚しているから、相談できる場所は最初からないと思っていたり、たとえ相談できる場所があってもハードルが高いと感じていることもよくあります。セックスワーカーであることで受ける偏見と、セクシュアルマイノリティであることで受ける偏見という、重層化した困難の中にいるのです。支援する側の想定の狭さと知識不足は、こうしたセックスワーカー当事者たちのＳＯＳを遠ざけます。

それでは、どうしたら良いのか。まず、相談窓口を持っている方は、正しい情報提供をこころがけ、あらゆるセクシュアリティ、あらゆるサービス形態のセックスワークの相談にも対応するということを明記してほしいと思います。支援者の側が「私たちはどんな相談でも聞くよ」と思っていても、その相談枠に自分が入っているのか、マイノリティの相談者は不安を覚えますから、明文化してあると助けになります。そして、実際に相談を受けるにあたっては、「その人が何に対して困っているのか」ということを聞いてみてください。セックスワークのサービス内容についての相談なのか、生活困窮についての相談なのか、契約内容など労働関係についての相談なのか、性の健康についての相談なのか、被害に遭ったという相談なのか。少なくとも、今何の相談をされているのかを聞き分ける能力と、そのための知識が必要です。「この仕事を続けたい、でも何だか続けられない」という相談なのか、「この仕事を辞めたい、でも辞めるのはちょっと大変だ」という相談なのか。それを聞き間違えないようにしないと、行く道が変わってきます。

今までセックスワーカーといえば女性、外国人、かわいそうな人くらいしか想定していなかった支援者の方は、ここまで書いてきたようにいろんな人たちがいるということを踏まえて、自分が相談を聞けていたかどうか振り返ってください。

また、セックスワーク・セックスワーカーに関する社会運動や法改正の動きについて、メディアなどで使われている表現のこともう一度考えてみてください。

この運動で言っているセックスワーカーとは誰のことか?

この書き方の中に、セクシュアルマイノリティのセックスワーカーは想定されているか?

その運動は本当に、セックスワークをして働く人たちの助けになるのか?

女性の権利について考えている人は、その「女性」が限られた人たちのことだけになっていないか?

人は皆、善悪・白黒のはっきりした話が好きですが、現実はそんなに単純なものではありません。セックスワークを悪として決めつけてしまえば、話は早い。そんな感覚が自分の中にないか、自分に問いかけてみるのも良いかもしれません。

生きるための職業の選択が意識的に、または無意識に貶められることのないように。この本を手に取る人には、セックスワークに携わるあらゆる年齢・性別・性的指向・職業の人を想定した上で本人の意思決定・意思表明をサポートできる人、そして、より重層化したスティグマと困難を抱えたワーカーと共に立ち上がれる存在であってほしいと思います。

第3章 なぜ「性」は語りにくいのか

近代の成り立ちとセックスワーク

山田創平

はじめに

私は普段、大学や市民向けの講座などでＨＩＶ／ＡＩＤＳの予防や、性に関する話をすることが多いのですが、講義の後、みなさんと議論をする中で、前提となる基礎的情報が共有されていないと感じることが多々あります。それは一言でいうと「近代という時代のなりたち」ということになるのですが、性に関する話をするうえで、近代を理解することは非常に重要です。なぜなら私たちが「性」というときのその「性」は、近代社会がつくりだしたものだからです。

この章では近代という時代と近代家族、そしてそこに生まれた排除のシステムのなりたちを追っていきます。これが理解できると、性について語ることがなぜこんなに難しいのか、そしてセックスワーカーがなぜ社会の中で周縁化されてしまうのかが見えてきます。[1]

近代という時代——国民国家と資本主義

私たちが生きるこの時代は「近代」と呼ばれます。歴史はそれが世界史であれ日本史であれ、大きくは「古代」「中世」「近世」「近代」という区分で整理されます。「近代」はその区分の最後に位置していて、いまこの時も「近代」です。「現代」という言い方もありますが、基本的には現代は近代に含みます。ではいつ頃から「近代」なのかというと、欧米では18世紀末ぐらいから、日本では明治維新（19世紀末）からというのが通説です。日本の近代化の時期については後で別の説も紹介しますが、ここではまず欧米の近代を中心にみてみましょう。

近代は「国民国家」と「資本主義」が特徴とされます。「国」には今でこそはっきりと「領土」がありますが、近代以前はあいまいでした。特に古代から中世にかけては領土の境目もはっきりせず、境目を越えて多くの人や物が動いていました。近世に入ると、例えば日本列島では豊臣秀吉による「太閤検地」やその後の幕藩体制のように、中央集権的な支配体制ができてゆきます。しかしこの段階でも「日本」という国を意識していた人はほとんどいませんでした。天皇がおり、天皇に代わって幕府が実際の統治を行う「国」の体制は中世から近世にかけて確かに存在していますが、その国の中にいる人々は、自分たちがそのような「日本列島弧を主な領土とする国」のメンバーであるという意識はなく、一つの国の中でも使われる言葉はばらばらで、文化も異なっていたのです。江戸時代の多くの人々は「自分は藩のメンバーだ」「○○村のメンバーだ」と思うことはあったかもしれませんが「日本という国のメンバーだ」とは思っていませんでした。

しかし明治時代になり、その状況は一変します。ばらばらだった人々はひとまとまりにされ、半ば無理やり、「日本国民」へと統合されました。統合にあたっては「共通語の導入」「憲法の制定」「国旗の制定とその掲揚」「国歌の制定とその斉唱」が行われ、この時「国民としてのアイデンティティ」が、人工的に生み出されました。このように人工的に生み出された国のことを「国民国家（ネーションステート）」と言います。[2]

次に近代の特徴の二つ目、「資本主義」について見ていきましょう。国民国家の成立と並行して、産業革命という人類史上まれにみる大きな変化が進行します。産業革命を極めて単純に説明するとすれば、「それまで人々が手作業で作っていたモノづくりを、大規模な機械仕掛けで行うようになった社会の変化」とでも言えるでしょうか。これにより大量生産が可能になりました。大きな工場をつくり、そこで大量にモノをつくり、その大量のモノをさまざまな場所で売って大金を稼ぐ人々が現れます。彼らは「資本家」と呼ばれます。「資本」は「商売の元手となるお金」のことで、それを持つ人物、その元手を使って商売をする人物を「資本家」というわけです。

大規模な機械を動かすには強力な動力源が必要です。この時、大きな役割を果たしたのは蒸気機関でした。蒸気機関やそれをもとにした発電が、大量生産を可能にします。これにより人々の労働の形が変わりました。手作業で商品を作っていた時は、それぞれの家や小さな作業場で仕事をしていましたが、蒸気機関が導入されたことで、工場が建てられ、人々は巨大な機械と共に働くようになりました。「工場へ出勤する」という労働の形態が生まれたのです。このように働く人々を「労働者」と言います。このような生産の形態、労働の形態を総称して資本主義経済と言い、そのような経済体制によって機能する社会を資本主義社会と言います。ここに「資本家」と「労働者」という二つの階級が生まれました。この時に問題となるのが「搾取」です。

搾取の発生とブルジョワジーの誕生

資本主義社会には「元手となるお金」を使って工場を建て、所有する資本家と、資本家が建てた工場へと出勤し、働く労働者という二つの階級が存在します。カール・マルクスが『資本論』[3]（1867年）の中で指摘していることですが、資本主義的な生産システムには構造的に、資本家による労働者に対する「搾取」が埋め込まれています。資本家自身は工場で働いていませんから、本来は給与・富を受け取る立場にないように思われますが、資本家は「工場を所有している」という理由で、莫大な富を受け取ります。労働していないのに（つまり富を生み出していないのに）富を受け取るというのは、奇妙な話です。その場合、資本家が受け取っている富は、「他の誰か」が生み出したものである必要があります。『資本論』はその「他の誰か」が「労働者」であることを告発しました。つまり労働者は、自らが労働により生み出した富の総額から、モノをつくるのに必要な「原材料費」「光熱水道費」などの必要経費だけでなく、「資本家の取り分」を引いた金額を給与として与えられていることになります。[4] この状況が「搾取」です。

このような前提をふまえ、資本家の存在を排して、労働者のみで富を分け合える、労働者自身による国家の建設を目指す立場が提唱されるようになります。そのような立場のことを共産主義と言います。それとは異なり、マルクスが言うところの資本家の「搾取」を「工場の建設や会社の経営に対する報酬であり、競争の勝者が得ることができる正当な取り分である」と考える立場を資本主義と言います。共産主義は資本家を排する手段として実力行使も辞しませんが、そのような実力行使のことを共産主義革命と言います。代表的な共産主義革命としては例えばロシア革命（1917年）などをあげることができます。資本主義と共産主義はその後、世界の覇権を争うようになりますが、少なくとも現時点で覇権を握ったのは資本主義であると言えるでしょう。現在の日本社会も資本主義社会です。[5]

資本主義の勃興による社会の変化として、もう一つ指摘しておかなければいけないのがブルジョワジー（中産階級、あるいは有産市民階級）の誕生です。それまでに述べたように、資本主義経済体制のもと、多くの豊かな資本家が生まれました。これまで金持ちといえば王族や貴族だったわけですが、そこに資本主義の発生によって新たに富を手にした資本家たちが加わることになります。そのような人々を広くブルジョワジーと言います。やがてブルジョワジーは、自らの勢力が拡大するにともなって、自分たちこそが社会の主役だと思うようになります。王や貴族が社会を支配するのではなく、自分たちが社会を支配するのだという考え方のもと、彼らは王や貴族を殺害し、追放することで、ブルジョワジー主体の国家建設に乗り出してゆきます。この出来事を市民革命といい、いわゆるフランス革命（1789年）やアメリカ独立戦争（1775年）などがこれにあたります。新興の豊かな市民が社会の主役になったのです。このような市民はやがて、憲法を制定し、議会を構成し、国土というビジネスエリア（商圏）を確保し、さらに海外に植民地という新たな商圏を求めます。そして国民国家間における商圏の獲得競争は次第に激しさを増してゆきました（帝国主義）。その商圏を守るために国民からの徴兵による軍隊が組織されますが、本来、国民国家は「つくりもの」ですから、彼らに「国のために戦う」などという意識はありません。そこで戦意をいかに高揚させるかが重要になりますが、その時「愛国心」という新たな概念が生み出されます。この結果、世界は二度にわたる世界大戦を経験することになります。国民国家の成立と資本主義の勃興はこのように関係し、このようにして進展した時代を「近代」と呼びます。

日本はいつ近代化したか

日本の近代に関しては、明治維新以降とする説ともう一つ、第二次世界大戦後とする説がありま す。「圧縮された近代」論などと呼ばれますが、私はこの説には説得力があると考えているので、ここでも簡単に紹介しておきます。「圧縮された近代」論では、欧米の近代成立をまず前期と後期に分けます。前期を「第一の近代」として、一定の安定期を経たのちに「第二の近代」が進展すると考えます。しかし主にアジアなどでは欧米よりも後になって、両者の変化が同時に「圧縮された」形で進行したと考えます。日本はその中間で「半圧縮近代」などと呼ばれたりもしますが、いずれにせよこれが「圧縮された近代」論です。これをふまえ、本田由紀は以下のように日本の近代を想定します。

日本では第二次世界大戦後の1950年代から1970年頃にかけて、①仕事の領域における第二次・第三次産業の雇用労働の拡大、②家族領域における「近代家族」化の進行、③教育の領域における義務教育よりも上の教育段階への進学率の上昇、という三つの現象が、同時に（タイミングの側面）、かつ急速に（スピードの側面）、生じました。これはすなわち、戦後日本社会では、仕事・家族・教育という三つの社会領域の、実質的ないみでの「近代化」の進行と普及が、時を同じくしてみるみるうちに起こったということなのです。（中略）こうして、サラリーマンの夫と専業主婦の妻、そして多くの場合二人の子ども、という「家族の戦後体制」（落合一九九四）は、高度経済成長期に社会を広く覆い、現在に至るまで家族の基本的な範型となっているのです。（本田由紀『社会を結びなおす――教育・仕事・家族の連携へ』岩波書店、2014年、25－28頁）

日本の近代をいつからとするか、議論はありますが、これから詳しく述べてゆくことになる「近代家族」を考えるとき、日本の近代は戦後であると考えるとわかりやすいと思います。「近代家族」

は専業主婦が支えますが、日本社会では、専業主婦が一般的になるのは戦後です。いずれにせよ近代という時代があり、それはここまで説明したように成立したのです。

近代の内包するもう一つの搾取

さて、先に述べたような資本家と労働者の関係を中心にした「近代」の説明に対して、1970年代のアメリカで一つの批判が提起されます。その批判は、それまでの人文社会学が行ってきた近代に対する批評的な説明そのものに向けられたものではなく、その説明には「抜けている部分がある」という批判でした。批判を提起する主体となったのは「マルクス主義フェミニスト」と呼ばれる人々でした。マルクス主義フェミニストたちの考え方を日本社会に紹介した書物の一つが上野千鶴子の『家父長制と資本制』（1990年）でした。これは重要な書物なので、原典を見てみましょう。以下、一部を紹介します。

「家族」という領域から「市場」は、ヒトという資源を労働力としてインプットし、逆に労働力として使いものにならなくなった老人、病人、障害者を「産業廃棄物」としてアウトプットする。ヒトが、「市場」にとって労働力資源としか見なされないところでは、「市場」にとって意味のあるヒトとは、健康で一人前の成人男子のことだけとなる。成人男子が産業軍事型社会の「現役兵」だとしたら、社会の他のメンバー、たとえば子供はその「予備軍」だし、「老人」は「退役兵」、病人や障害者は「廃兵」である。そして女は、これら「ヒトでないヒト」たちを世話する補佐役、二流市民として、彼らと共に「市場」の外、「家族」という領域に置き去りにされる。（上野千鶴子『家父長制と資本制』岩波書店、1990年、7－8頁）

上野の指摘は、資本主義や国民国家の成立によって生まれた近代という時代を考える時、鍵になるのは「家庭」「家族」であるということです。

私なりに説明すると、以下のようになります。

資本主義社会には確かに資本家による労働者に対する搾取が存在しています。しかし、実のところ搾取されているのは労働者だけではありません。「主婦」「妻」こそ、実は最も搾取されている存在なのです。資本主義社会とは男性を中心とした社会です[6]。つまり多くの場合、資本家も労働者も男性だということです。では女性はどこにいるのかと言えば、その多くは「家庭」にいるということになります。

社会学には「近代家族」という言葉があります。私たちが家族というとき、それはこの近代家族を指していると考えて間違いありません。近代家族は、資本主義を支える一つの兵站（背後で支える機能）として、またはそれを補完するものとして新たに生み出された新しい人間関係、生活スタイルです。それは一言で言うと「男性が外で働き、女性が家事をする」という人間のありようです。

資本主義社会では、労働者が働けば働くほど資本家の取り分は増えてゆきます。資本家は「どうすれば労働者をより長時間働かせられるか」と考えるようになります。人が生きていく時、例えば一人暮らしであれば、食事の準備や掃除や洗濯といった家事は自分でやらなければなりません。これらの家事にはかなりの時間がかかります。一日は24時間ですから、家事に時間を取られてしまうと、労働者の労働時間は自然と短くなってしまいます。そこで、一つのアイデアが思いつきます。家事を外注すればよいのです。そうすれば労働者は朝から晩まで長時間働き続けることができます。家に帰れば夕食が準備されており、掃除も洗濯も終わっていますから、風呂でも入って後は寝るだけです。朝起きるとすでに朝食が用意されているので、すぐに出勤することができます。しかし外注にはお金がかかります。もとより労働者には最低限の給与しか払われていませんから、これを実現しようとしたら、労働者が外注を頼む分、資本家は給与を増額しなければなりません。でも労働者の給与を増額したら、資本家の取り分が減ってしまいます。つまり「タダで外注に応じてくれる人」が必要なのです。そんな都合の良い人がいるのでしょうか。いないなら作り出せばよいのです。そして生まれた新しい人々が「主婦」です。

主婦は、先に述べたところの「外注」をタダで行います。主婦が「無賃労働」である家事を行い、それによって男性が朝から晩まで働くことができるようになる。そのような家庭の形を「近代家族」と言います。「家族」や「家庭」は昔から今と同じ形でずっと続いてきたわけではありません。現在、社会において「家族」や「家庭」と思われている人間関係のかたちは、資本主義に都合の良いように、ここ二〇〇年ほどの間に、人工的に、新たに作られた、新しい概念です。小説や雑誌、新聞、そして20世紀以降であればラジオやテレビ、映画やアニメーションといったメディアを通じて、この新しい家族の形が市民社会に広められ、市民に内面化されてゆきます。例えば戦後日本で市民に広く支持された『サザエさん』というアニメーションは象徴的です。この作品の中で、男たちは決して家事を行いません。[7] そして最も年長の男性が必ず上座に坐ります。

このような近代家族の最も重要なイデオロギーは「愛」です。主婦がなぜタダで外注を行うのかといえば、それこそが「愛情のあらわれ」であるとされるからです。つまり「妻は夫を愛している」からタダで家事を行うのです。歴史的に見ると、家族という人間関係それ自体は古くから存在していますが、それはある時代においては生産様式（例えば家内制手工業や農業）によって決定され、ある時代には階級によって決定されるなど、時代や地域によって意味合いが異なります。しかし人類の歴史上「家族が愛によって成立する」と考えられるようになったのは、近代以降であって、それ以前にはそのような「家族」は存在していません。

さて、以上をふまえたとき、資本主義社会には二つの搾取が存在していることが見えてきます。一つめは先に説明した資本家による労働者の搾取、そしてもう一つが、資本家による女性／主婦の搾取です。この場合、男性であるところの労働者も、女性／主婦を搾取していることに気付いておらず、言ってみれば資本家と共犯関係にあると言えます。つまり近代家族の搾取の構造は、大きく言えば「男性による女性の搾取」なのです。[8]

人口管理の装置としての近代家族

さて、ここまで近代という時代のなりたちについて見てきました。そして近代を支える重要な構造の一つが「近代家族」であるところまで話を進めてきました。実はこの近代家族には資本主義社会におけるもう一つの重要な役割があるのです。

先に確認したように、資本主義社会では資本家は富を蓄え、豊かになります。ではその蓄えた富は何に使うのでしょうか。多くの場合、その富は、さらなる富の獲得のために使われます。一言で言うとそれは「事業の拡大」です。蓄えた富で、工場を拡大するのです。工場の規模が10倍になれば、資本家の取り分も10倍になります。事業は右肩上がりで拡大し、社会の中で流通する富の総量も拡大します。資本家の取り分は劇的に増えますし、労働者の取り分も増えるかもしれません。この状態を「景気が拡大する（好景気）」と言います。このような景気拡大がある日、何らかの事情（日本の場合はプラザ合意）で一気に進む事態を「バブル経済」と言います。しかし生産のために必要な労働者の数にも、作られたものを消費する人口にも、そもそも限りがありますから、右肩上がりの景気拡大は原理的に、必ず、どこかで壁に突き当たります。これを「景気が縮小する（不況・不景気）」といい、ある日突然、大規模な景気の収縮が起こる事態を「恐慌」と言います。バブルも恐慌も、社会を不安定にしたり、軍事衝突をもたらしたり、良いことはありません。そこで、緩やかな「右肩上がり」が目指されることになります。

そこで重要になるのが人口です。経済状況は人口の増減と直接関係します[9]。そもそも働く人がいなければ、「事業の拡大」などできないし、したがって景気の拡大もありえません。またそもそも消費する人がいなければ、事業を拡大しても誰も製品を買わないから意味がありません。人口が緩やかに、右肩上がりに増えることこそが資本主義の要なのです。

近代社会、資本主義社会において、資本家や資本家の意を汲む為政者の関心は常に「人口の管理」にありました。日本社会で現在「少子化」が問題にされている理由もそこにあります。つまり生まれてくる人の数は、その社会の経済の強さそのものなのです。近代は資本主義の時代であり、したがってそれは、人口管理の時代なのです[10]。

この人口管理の要点は、人口が緩やかに増えてゆくという一点につきます。わかりやすく言えば、ある家庭では子供が8人も生まれ、別の家庭では子供が1人もいないという状況は、人口の未来予測を困難にし、緩やかな人口増加を難しくするので好ましくありません。子供はどの家でも2人ぐらいが望ましいということになります。コンドームを使って、各家庭での子供の出生数を一定数に収めようとする社会運動は、かつて「家族計画」などと称され、広く社会に普及しました。このような子供の出生数の管理は、これまでの説明の通り、元はといえば資本主義社会が要請したものです。権力者は、このような人口管理をきちんと実行するためにさまざまなシステムや規範を考案します。その中でも最も強固な規範が「正しい性行為と間違った性行為の分離」でしょう。つまり計画的に子供を生むような性行為が「良い性行為」で、それ以外の全ての性行為が「悪い性行為」になるということです。

このように近代社会は、その進展と同時進行で、独特の「性道徳」「性規範」を社会にもたらすことになるのです。M・フーコーは次のように述べています。


ついにはヴィクトリア朝ブルジョワジーの単調極まりない夜に到り着く。性現象はその時、用心深く閉じ込められる。新居に移るのだ。夫婦を単位とする家族というものが性現象を押収する。そして生殖の機能という真面目なことの中にそれをことごとく吸収してしまう。性（セックス：性器とその機能、性本能）のまわりで人は口を閉ざす。夫婦が、正当にしてかつ子孫生産係であるものとして君臨する。（フーコー、渡辺守章訳『性の歴史Ⅰ――知への意志』新潮社、1986年〈原著は1976年〉、9－10頁）

つまり「性行為（セックス）は家で子供を生むためにするもの」であって、それ以外のセックスは全部ダメですよということです。

ここでもう一つ確認しておきたいのは、なぜそのような「セックスの管理」を「夫婦」を単位に行う必要があるのかという点です。資本家は政府に対して法人税を納めます。その税額をより少なくするには「小さな政府」を作ればよいわけです。大きな政府においては行政が担うであろう社会福祉（子供の養育、高齢者のケアなど）は、小さな政府では「それぞれでやってください」ということになります。その時、「家庭」「近代家族」はとても便利です。なぜなら「近代家族」におけるケアやそれに類する家庭内の労働は「愛」によって担保されますから、家族の中では「子供の養育」も「高齢者のケア」も「家族愛によって無償で行われて当然」ということになるからです。

つまり資本主義社会が、人口管理のために新たな「性道徳」「性規範」を生み出すと同時に、それを「家庭」「近代家族」で実践せよと命じるには理由があるのです。それは、そこで生み出された2人の子供の養育は各家庭でやりなさいという命令です。またそれは同時に、国家（権力者、資本家）は面倒を見ませんよという宣言でもあります。

このようにして、①結婚前にはセックスをせず（したがって出産せず）、成人したのち結婚をして、②夫が出勤して金を稼いで、それゆえに夫が家庭での権力を握っており、それに従う従順な妻が、家事を無賃労働によって担い、その無賃である理由が「愛」によって理解され、③その「愛」のある夫婦の間でのみセックスをして、2人程度の子供を生み（それは人口管理上、男児と女児の1人ずつが理想的）、④子供の養育や病人・障がいを負った人のケアが「家族」の「愛」＝家庭内の相互扶助によってなされるという「家族」が理想化され称揚されるようになるのです。

繰り返しになりますがこれは近代社会が資本主義にとって都合の良いように、人類史上、新たに生み出した、新しい「家族」です。この新しい家族を「伝統的な家族」であると主張し、その伝統を守るべきであるとする歴史修正主義者や復古主義者、またはそのような主張をする政治家が、例外なく資本家の代理人である点も重要でしょう[11]。

社会の中心点としての「家族」と「それ以外」という周縁

逆に言えば、先ほど述べたような新しい「家族」以外の全ての人間関係は「間違ったもの」「不幸なもの」「異常なもの」ということになります。

例えば夫婦の外でのセックスである「不倫」は間違ったものとされていますし、近代法ではそもそも違法行為です。裁判になれば慰謝料を請求される可能性があります。また結婚前のセックスや出産も好ましくありません。したがって婚前に妊娠したら、すぐに結婚を決断せざるを得なくなります。いわゆる「デキ婚」がそれにあたります。稼ぎが悪い夫、従順ではない妻、家事のできない妻、夫婦間でのセックスレス、夫の勃起不全も好ましくありません。また子供のいない夫婦は「子供はまだか」という周囲の圧力の中、肩身の狭い思いをするかもしれません。また離婚した人、結婚適齢期を過ぎた単身者、結婚していないのに子供を出産した女性、シングルマザーなども偏見の目で見られることがあるでしょう。

それはいわば、正統で正しい理想的な「家族」「夫婦」を中心として、その周辺に「二流市民」が配置されてゆく様子として捉えることができます。中心の中心には異性愛者で、愛のある結婚をしていて、健康で働くことができ、金を持っていて、子供がいる男性がいます。そしてその周辺には女性が配置されます。障がい者や病人、後期高齢者も周辺に配置されるでしょう。同様に周辺には結婚しているが子供のいない人、離婚した人、その外側には単身者やシングルマザー、非嫡出子、さらにその外側にはレズビアンやゲイ、バイセクシュアルやトランスジェンダーといった、近代の初期には「病気」として排除されたセクシュアルマイノリティがおり、おそらく同じあたりに、家庭の外でのセックス、つまり制度外のセックスを担うセックスワーカーがいます。

セックスワークは制度外でありながら、社会的な暗黙の了解として「制度的」に実践されます。それは制度外という制度なのです。セックスワーカーには男性のセックスワーカーも女性のセックスワーカーも、そのどちらでもないセックスワーカーもいますが、数としては女性のセックスワーカーが圧倒的に多いでしょう。その理由を示唆するのが、竹村和子の以下の指摘です。ちなみにここに出てくる「セクシュアリティ」は、本稿では初出の言葉ですが、ここでは「性的な感情や行為」という意味でとらえてよいと思います。

「正しいセクシュアリティ」とは、終身的な単婚（モノガミー）を前提として、社会でヘゲモニーを得ている階級を再生産する家庭内のセクシュアリティである。「正しいセクシュアリティ」は「次代再生産」を目標とするがゆえに、男の精子と女の卵子・子宮を必須の条件とする性器中心の生殖セクシュアリティを特権化する。（中略）またたとえ異性間のものではあっても、生殖セクシュアリティを否定する余剰としてのセクシュアリティ――家庭外の性行為――も異端とみなされる。（中略）たとえば昭和初期のポルノグラフィのなかに、家庭内では「想像もされなかった」フェラチオを娼婦相手におこなって快感を得たというプロットは枚挙にいとまがない。つまり、家庭内のセクシュアリティと家庭外のセクシュアリティを分けることによって、性について二重基準をもつ男と、ひとつの基準で判断される女との間に差別を生み出し、加えて家庭内の女の身体と、家庭外の女の身体に分断を生じさせた。（竹村和子『愛について』岩波書店、２００２年、38－39頁）

私なりに説明すると以下のようになるでしょうか。

近代社会では、男性は家庭の中（夫）と外（労働者）を行き来します。一方、近代社会では女性は家庭の中（妻）だけに存在することになっています。よって男は実際のところ「家庭の中でのセックス」と「家庭の外でのセックス」の双方が許されるが、女性は「家庭の中でのセックス」しか許されないということになります。男性に許されている「家庭の外でのセックス」も、「家庭内でなされる愛や出産に連なるセックス」とは異なるセックス、つまり竹村が指摘するように家庭内でのセックスの代替であり「愛」よりも「欲望」中心的なセックスであるという理解において、近代の家庭観、性道徳では、はるかに格下です。その種の「欲望」の「達成」は「非嫡出子の誕生」や、「正しい家族イメージの破壊」につながらない状態で、有り体に言うならば「不倫にならない状態」で、限られた場所で表向き隠されながら、しかし実際にはそれとわかる状態で、行われる必要があります。セックスワークはそこに配置されます。先に述べたように、近代家族において「女性のセックス」は「家庭内にのみ」存在するものですから、家庭外でセックスをする女性のセックスワーカーは近代社会ではそもそも「いないはずの存在」として存在しています。それは社会において承認されていない、制度外の存在なのです。繰り返しになりますが、男性には「家庭の外でのセックス」が制度的に許されていますから、男性はセックスワーカーによるサービスを求めますし、セックスワーカーは実際に社会に存在しています。しかしながら、セックスワーカーそれ自体は制度外の存在なので、セックスワーカーの権利や安全を守る社会的諸制度は不在という事態が発生するのです。

なぜ性は語りにくいのか――ひとまずのまとめ

人間の性的な感情や行為は、本来極めて多様なものです。そのありようは地域や時代、文化によって全く異なります。またその感情や行為は、優れて文化的なもので「これこそが人間の本能的な性欲であり性行為である」などという「本質」は見出しようがありません。

しかし近代社会はその多様な人間の性的な感情や行為を、「正しい性欲・性行為」と「間違った性欲・性行為」に分けました。これまでに説明したように、近代社会、近代家族にとって「正しい性欲・性行為」は家庭の中での、一対一の、限られた数の子供を生むために徹底的に管理された性欲・性行為です（そのためにコンドームを使ったり、不妊治療を行ったりもします）。それは「家庭の中」でのことですから、「家庭の外」には見せてはいけないし、語ってもいけません。また「間違った性欲・性行為」はもとより「間違っている」わけですから、社会の中で公然と語ってはいけません。

この種の禁忌、規制、禁止が、現在の社会での「性規範」「性道徳」を構成しています。だから性は語りにくいのです。そしてその語りにくさは、周縁に位置する人々に対して、さらなる周縁化や排除、差別をもたらすことになります。人々が日常でたいして気にも掛けずにペラペラ喋っていることは、語られてはいるけれども、実は重要ではありません。禁止され、語られないことこそ、実は「みんなが気にしていること」「常に考えていること」「最も重要なこと」なのではないでしょうか。「言ってはいけない」と言われると、それを言わないように、常にそのことを意識し、注意し、気にしなければいけなくなります。性について語りにくい社会とは、言い換えれば、生活の全ての場面で、24時間365日、「性について考えなければならない社会」のことなのです。現在の社会の中での「周縁に位置する人々」に対する差別は、その意味で極めて根が深い構造的な差別であり、近代社会がその成立の段階から宿命的に内包せざるを得なかった深い差別なのです[12]。

この中心（異性愛男性）と周縁（それ以外の人々）という構造は、現在の世界や、人類の歴史を考える上でも有効です。例えば現在の世界をこの構造にあてはめて考えてみると、異性愛男性は白人男性のことを意味することになるでしょう。その場合、有色人種はたとえそれが異性愛男性であっても周縁に配置されます。植民地時代において、東洋が女性として表象されたり、開拓された場所が処女地と呼ばれたりした理由もそれにより理解できます[13]。

また異性愛男性という中心にはそもそも男性しかいません。そこにいる男性たちは中心点としての結束を感情的、情動的に保ちつつ、しかし同時にその感情や情動を、完全に同性愛と切り離さねばなりません。もしそれを切り離すことができなければ、その瞬間に中心から周縁にはじき飛ばされてしまうからです。感情的な結束を何よりも重視し、しかしその感情から同性愛を徹底的に排除する男性たちのメンタリティを「ホモソーシャル」と言います。[14] それは外形的には「肉体的な接触の度合い」においても、「感情の絡まりあい方」においても、極めて同性愛的でありながら、しかしながら同性愛者とは対極に存在するもので、近代資本主義社会の重要な構成要件です。「会社の同僚と風俗に行く」、「会社の飲み会で男たちが裸になる」、男たちが「彼女よりも地元の男友達が大切だと語る」、これらはホモソーシャルであり、異性愛者であることと男同士の絆の深さの常なる確認作業であり、近代が構造的にもたらした男性中心主義的な人間関係です。そしてホモソーシャルはまた、同時に構造的な女性排除、ミソジニー（女性嫌悪）を内包していることもわかります。

なぜ同性愛者が差別されるのか、なぜセックスワーカーが差別されるのか、なぜ障がい者の性や高齢者の性が語りにくいのか、女性と男性の間でのセックスに関する公平・公正な話し合いがなぜしばしば困難を極めるのか、つまりなぜ性はこんなにも語りにくいのか。これらの現象は資本の論理や市場原理、植民地主義における宗主国と植民地の関係、帝国主義における戦勝国と敗戦国の関係、つまり近代という時代の生んださまざまな構造や制度の、現実の社会における一つの重要な「現れ」なのです。

［1］本章の内容に私のオリジナルは一切ありません。私がなにか一次資料を読み込んだり、フィールドワークを行ったり、アンケート調査を実施して明らかにした研究成果は一つもありません。ここでは先人たちの研究業績を私なりの順序や語り口で紹介しています。ただその「説明の仕方」や「全体像の描き方」には私なりの工夫があります。それは社会学や経済学を専門的に学んだことがない人にも理解してもらえるように、あえて説明を単純にし、全体を図式的に理解できるようにしようという工夫です。このような事情で本章の内容は非常に大雑把なものになっており、本来は説明すべき細かな説明や留保が省かれたものになっています。しかし私はあえてそのように説明を単純にすることで、広く市民の皆さんと社会学的な研究の蓄積や研究史を共有することに意義があると考えています。

［2］ベネディクト・アンダーソン（白石隆ほか訳）『想像の共同体――ナショナリズムの起源と流行』書籍工房早山、2007年〈原著は1983年〉を参照。

［3］カール・マルクス（向坂逸郎訳）『資本論』岩波書店、1968年〈原著は1867年〉を参照。

［4］労働者が工場で製品を生み出し、その製品が売れることで得られた富から必要経費を除いた残金の全てが、労働者が「本来受け取るべき給与」だとしましょう。しかし実際には、そこから資本家の取り分を引いた金額が「現実の給与」として支給されます。「本来受け取るべき給与」と「現実の給与」とのギャップを示す数値が「剰余価値率」です。経済学者の泉弘志は『剰余価値率の実証研究』（法律文化社、1992年）の中で、これまでの世界各国での剰余価値率の研究を紹介しています。日本社会での剰余価値率についても、さまざまな研究者がその計算を試みており、その数値は1970年代から80年代においておおよそ400％から500％近辺となっています（中には戦後、1000％程度の時期があったという研究もあります）。400％ということは、労働者は本来受け取るべき給与に比べ、実際には4分の1しか給与を受け取っていないということになります。

［5］資本主義と共産主義の間に位置する立場を社会民主主義と言います。

［6］なぜ資本主義社会で男性が優位に立つようになったのでしょうか。その歴史的経緯についてはコンネル（多賀太監訳）『ジェンダー学の最前線』世界思想社、2008年〈原著は2002年〉、166頁を参照してください。

［7］実は波平やマスオは原作ではしばしば家事を試みています。東芝がメインスポンサーであったアニメーションと原作との違いはたいへん興味深いものです。

［8］戦後日本社会では「資本家による主婦の搾取」「男性による女性の搾取」はひろく存在しましたが、それは男性労働者がひと月分の給与を妻に手渡すときに象徴的にあらわれます。実のところ、その給与の中には「妻の家事労働分」が含まれていると考えるべきですが、ほとんどの男性労働者はそうは考えません。「これは私が稼いだ給料で、それによって妻

（子供がいれば子供も）を養っている」と考えます。今でこそ給料は銀行振込でしょうが、高度経済成長期などは手渡しでした。夫から妻に給料袋が手渡される時、妻は自らが夫に支配される存在であることを実感したのではないでしょうか。これが毎月、定年退職まで行われることで内面化される支配と被支配の構造は、極めて根深く深刻なものです。しかしそれが近代家族なのです。

〔9〕例えば藻谷浩介『デフレの正体――経済は「人口の波」で動く』角川書店、2010年などが好例です。

〔10〕例えばフーコーは以下のように述べています。
「十八世紀における権力の技術にとって大きな新しい様相の一つは、経済的・政治的問題としての人口の問題であった。富としての人口であり、労働力あるいは労働能力としての人口であり、それ自体の増大と資源としてのその可能性との間の均衡関係において捉えた人口である。」（フーコー（渡辺守章訳）『性の歴史Ⅰ――知への意志』新潮社、1986年〈原著は1976年〉、9-10頁）

〔11〕本田由紀、伊藤公雄『国家がなぜ家族に干渉するのか――法案・政策の背後にあるもの』青弓社、2017年に詳しい説明があります。「親学」と「日本会議」との関係、「性教育への干渉」などその例は枚挙にいとまがありません。「伝統的な家族」「異性愛」「男性優位社会」を重視し保守主義を僭称する「歴史修正主義」は本稿で見るように「市場主義の一形態」であり、いわば金儲けの一つの形であって、自由・平等・公平性・正しさ・連帯といった人類社会の普遍的な価値とは根源的に対立するものです。マルクスは資本主義社会において「人間の尊厳」が「商品という陳腐なもの」に奪われると警鐘を鳴らしました。「伝統」の僭称が目指すものは要するに市場主義、資本主義のさらなる進展であり金儲けなのです。歴史修正主義者、極右勢力の運動が常に軽薄である理由は、市場主義＝歴史修正主義が、人間の普遍的な尊厳や価値よりも「金儲け」を重視するからに他なりません。

〔12〕なお本稿においてはポストモダンやネオリベラリズムについては紙幅の関係で言及していません。ポストモダンとは本稿において語っている中心と周縁の構造が自壊する現象です。ネオリベラリズム（新自由主義）は、資本主義の新たなステージであって、グローバル化を背景に、近代家族を「資本主義の発展を阻害するもの」として批判します。現在、女性であっても、障がい者であっても、レズビアンやゲイであっても、稼ぐ人はどんどん取り立てて、資本主義社会で活躍してもらおうというネオリベラリズムの社会が立ち現れつつあります。そのような社会の中で、従来の性規範や性道徳はどのように変化し、再編されてゆくのでしょうか。ネオリベラリズムも資本主義ですから、結果的には資本家による資本の蓄積が目指されます。そのような新たな搾取の構造の中で生まれる、新たな差別や排除に、市民社会がどう向き合ってゆくのか、注目されます。資本主義や経済効率、つまるところ「金の話」とは切り離されたところで、人類が普遍的にもつ

「人権」という尊い価値をどのように守ってゆくのかが重要になるでしょう。

〔13〕 エドワード・W・サイード（今沢紀子訳）『オリエンタリズム（上下巻）』平凡社、1993年〈原著は1978年〉に詳しい分析があります。

〔14〕 ホモソーシャルについてはイヴ・K・セジウィック（上原早苗ほか訳）『男同士の絆――イギリス文学とホモソーシャルな欲望』名古屋大学出版会、2001年〈原著は1985年〉を参照。

第4章

法規制は誰のためにあるのか

セックスワークをめぐる法の歴史と現在

松沢呉一
（聞き手・山田創平）

【基礎編】

▼性のあり方と社会のあり方

山田　松沢さんとは、10年ほど前、北京のゲイサウナでお会いしました（笑）

松沢　そうでしたね。

山田　中国のゲイシーンについての情報はあまり表に出てこないですけど、行ったら相当いろんなものがありました。

松沢　ゲイバーはでかくて、ゲイバーというよりゲイクラブでした。3階建てのホールみたいな。

山田　豪華でしたね。シャンデリアがあったりして。堂山では考えられない（笑）

松沢　日本だと客が10人も入ったら満席になるようなのが多くのゲイバーで、その狭さのために客層の細分化も進んでいるけど、あっちは同じ店で共存していて、欧米のゲイクラブっぽい。でも、ゲイ雑誌は出せない。パレードもできない。今は緩和されているかもしれないけど、ＨＩＶ関連の出版物でわずかに同性愛のことが書かれているくらい。そこが中国の特色で、リアルな行動としては想像以上におおっぴらですが、表現規制はムチャクチャ厳しい。

山田　時々バーも摘発されて営業停止処分を食らうけど、すぐに隣で営業を再開してしばらくは何も言われない。

松沢　売春施設もいくらでもある。表向きは床屋さんになっている性風俗店が、歓楽街というより、商店街に点在している。

山田　カラオケも一緒に行きましたね。

松沢　行きましたね。あっちのカラオケ屋には女たちが待機していて、交渉次第でどこまでも。地元資本のホテルだと、中にあるマッサージ店で売春が行われているし、部屋に電話もかかってくる。男が単身泊まっているとホテルから連絡が行くみたいで、コールガール組織が電話をしてくる。ホテルも紹介料を取っているんでしょう。

日本はよく本音と建前が特性なんて言うけど、中国は政府の公的な発表や法律と現実との間に日本の比ではなくズレがある。それぞれの政府の考え方、国民の意識、歴史的背景、法律などに違いがあって、表層に見える現象だけをとらえてああだこうだ言っても解決しない。山田さんが詳しいＨＩＶについても、中国政府は国内にそんな問題はないと言っていたのに、ある段階で掌を返して、多数の感染者がいることを公表した。いきなり増えたわけがなくて、その前から実態はあるわけですけど、公式発表ではなかなか出てこない。

山田　ＨＩＶについてはただでさえ潜在している部分が大きいので、実情がわかりにくい上に、政府がそれに取り組もうとしないと、何ひとつわからなくなる。

松沢　性の情報が秘匿されるコミュニティでは、ＨＩＶの対策が取りにくいとよく言われます。その点、中国は国が認めるとあっという間に事が進みます。個々人はオープンだし、他人に無関心で、足の引っ張り合いが少ないですから。ただ、ＨＩＶ対策に海外からの支援がなされる時代はすでに終わっていて、中国は再びどうなっているのかわかりにくい時代に入っています。欧米の団体を受け入れていた時代は、そこから情報が出ていたのですが、海外からの援助はすでに打ち切られ、中国政府主導になっていて、そのために同性愛団体はやりにくくなっていて、再度弾圧されつつあるとも聞きます。

政府次第ですべて一変してしまうのが怖いところですが、国民性としてはいたってオープンだと思います。山田さんと会った数年後、北京のレズビアングループに会ったことがあって、オフィス街のビアホールみたいなところで、堂々とパーティーをやっている。海外との連携も強くて、アジア各地の団体とも連絡を取りあっている。その団体の人に「日本のレズビアン団体は何をしているのか見えない」と言われました。日本にもレズビアンの団体は多数ありますけど、アジアの国々と交流するような団体はあんまりないのかも。

セックスワーカーの運動もそうです。韓国ではデモが行われ、台北でも街頭行動が行われている。各国の連携も強まっているのに、日本では全然理解されていない。外を見ることも日本の細部を見ることもどっちもやっていく必要があります。この本で私に与えられたのは法というテーマですが、個別の法の解釈は条文や判例を見ていけばわかることですから、人権とか道徳とか歴史とか海外の視点とかを入れつつ、法全般にまつわる話をしようと思ってます。

▼法規制は何をもたらすか

松沢　山田さんと私は、ここ数年、ヘイトスピーチに反対する活動をそれぞれにやっていて、そこでもつながっている。

山田　そうですね。私は関西で、松沢さんは東京で。

松沢　私はヘイトスピーチの法規制については慎重派でしたが、ぼんやりとではあれ、賛成をしている人たちが多くて、私が反レイシズムの運動に距離を置くようになった最初のきっかけはそれです。表現の自由はそれ自体が人権であるとともに、他の人権を保障するものでもあるので、そこに踏み込むことについては慎重でなければならず、その適用範囲が拡大する余地のある法は必ず拡大されます。権力がそれをやるだけではなくて、国民が拡大をしていきます。

海外でヘイトスピーチ規制法が制定されるようになったのは議論を何年も重ねてきた結果であって、一方で行きすぎた法律は廃止されてもいる。国民が法を理解して、よりよくしていく意思があるからであって、お上にお任せではない。それが薄い日本では危険です。法律は気に入らない相手にのみ適用されるのではなく、要件に該当すればすべて対象になりますから、丁寧なシミュレーションをしていかないと取り返しがつかないことになる。とくにこの国では、一度できた法律はなかなか廃止されない傾向があります。警察の力が強いので、使える法律を手放さないし、国民も現状を追認しやすい。

今の時代はネットがあるので、その実感も少しは出てきているのではないかと思うのですが、表現の自由はテレビや新聞のものであると同時に、すべての国民のものです。そこをもう一度自覚する必要があります。表現は資本や権力のない人たちにとっての武器なんです。

山田　社会的に弱い立場の人が、自分の意見を表明して、それが守られるのが表現の自由ってことですね。

松沢　権力や資本のある人たちは、表現なんてまどろっこしいことをしなくても、力を行使することで目的を達成できるわけですよ。山田さんも関西の上映会に関わっていて、私は東京の上映に関わってましたが、米国のＡＣＴ ＵＰという団体のドキュメンタリー映画があって、この団体はヘイトスピーチを浴びる側にいるにもかかわらず、表現規制に強く反対しています。

山田　ＡＣＴ ＵＰは１９８０年代に、ＨＩＶ治療薬の認可などを求めて激しい闘争をしていた団体です。

松沢　彼らは表現を駆使することで現実を作り出してきた自負があるんだと思います。その活動を制限するような法は受け入れられない。この姿勢を私も支持します。日本でも法教育が義務教育でも取り入れられるようになっていて、小さい頃から法を身近にすることで、おかしな法案のチェックができるようになることを期待してます。

セックスワークについての議論においても、基本になる法の理解が欠落していることをよく実感します。できれば、セックスワークについての議論は、法教育が徹底してから20年くらいしたら始めたい（笑）。規制したい人たちは黙っていてくれないので対抗せざるを得ないですけど。

セックスワークに関わる法は業種によっても違ってきます。表現に関わるのはＡＶがありますね。これは刑法１７５条にひっかかります。

山田　わいせつ物頒布等罪ですね。

松沢　頒布や陳列が対象です。ストリップだと刑法174条の公然わいせつに関わる。AVの撮影現場でもこの法律が適用されることがあります。セックスワークとは関係ないですが、ゲイのハッテン場もこれで摘発された例があります。

山田　ありますね。そこにいる人たち全員が合意していても適用されてしまう。

松沢　密室であっても、不特定の人たちがアプローチできると、路上と同じ扱いになってしまう。また、性風俗については、風営法が適用されます。風営法は経営者や管理者に適用される法律ですが、働いている人たちにも幇助が適用されることがあります。性器の挿入をすると売防法が適用され、勧誘はセックスワーカー本人が捕まります。これらの法律はつねに厳密に運用されているわけではなくて、東京都では、石原都知事が浄化作戦を始めるまで、無許可の性風俗店が見逃されていました。法がどうなっているのかとともに運用がどうなっているのかも把握しないと、今後どうしていくべきか適切には考えられない。

山田　海外では、風営法のような法律はない？

松沢　あまりないと思います。日本でも都市計画法で、商業地域、住宅地域などの区分けがあるように、住宅街では商業施設が作れないといったエリア指定は海外でもあります。その上で、リカーライセンスが厳しい国が多いので、酒の販売や提供をする商売は登録が必要になり、時間や場所の制限があります。日本は酒に対してはゆるい代わりに、風俗営業の範囲が広く設定されて厳しく取り締まられる傾向があります。日本のようにラブホテルを一般のホテルと区別して、別の法律で規制しているような国は他では聞かない。アダルトショップも日本では風営法の管轄ですが、中国では一人っ子政策のため、コンドーム屋がいたるところにあって、商品の大半はアダルトグッズです。住宅地の真ん中でもバイブや日本製のTENGAを売っている店が必ずと言っていいほどある。

山田　建前上は夫婦のためになっている。

松沢　でも、夫婦でTENGAは使わない（笑）

▼日本の風俗は集団主義

松沢　日本では何かにつけお上が管理をするし、国民もそれを望む傾向が強くて、風営法は個人のセックスワーカーを想定していません。一カ所にまとめて管理する方法を集娼と呼び、戦前は遊廓、戦後は赤線がこれに当たります。赤線がなくなってからも、風営法があるため、集娼がある程度維持されてきました。ここに日本の特色があります。

山田　海外だと、個人という単位が多いわけですね。

松沢　東アジアは店舗という形になりやすい印象ですが、場所によっては街娼が多数います。台北の萬華《ワンファ》という古い街に行くと数百という単位で街娼がいます。萬華には店舗もたくさんあって、どれもこれも違法ですけど、共存しています。大多数の人は気づけないと思いますが、上野にも相当数の日本人街娼が今もいて、そういう例外エリアもありつつ、日本ではやはり店が強い。

山田　ここ10年、20年の間に海外で合法化されたのは、だいたい個人売春なんですよね。

松沢　どちらも合法になった例もありますが、おおむね個人売春でしょう。ドイツやオランダの飾り窓は店舗ですが、個人に対する部屋貸し業のはずです。借りた側は家賃を支払って、あとは全額自分のもの。日本でもこの方式はあるにはあります。もう潰されてしまいましたが、横浜の黄金町がそうでした。ああいう業態はチョンの間と言われたりしますが、場所によって働き方は違う。

山田　関西では飛田が知られます。

松沢　九条の松島新地もありますし、もう消滅しましたが、京都の五条楽園もそうでした。五条楽園は置屋から待合に派遣する花街《かがい》の方式が残った街です。こういう業態では、建前上、女たちが勝手に売春していて、店は知らないということになっています。ソープランドもそうです。これらに対して黄金町は純然たる部屋貸しでした。一部日本人もいましたけど、黄金町は外国人の街でした。つまり、外国人だと部屋貸しになるのに、日本人だと雇用・被雇用の関係になる。[1] 日本でこれが成立しにくいのは、一人一人の内面に関わっているのだと思います。一人で責任を負うのが苦手なんです。「なぜ日本では店になるのか」という質問は「なぜ会社員をやっているのか」「なぜ団体に属しているのか」という質問と同じです。客も道でいきなり街娼に声をかけられても、ついていく気になれない。

山田　後ろから怖い人が出てきそう。

松沢　「大丈夫ですよ、すぐそこにお店がありますから」と言われて、安心してついていったら、立派な店があって、中に入ったらボッタクリだったりする（笑）

山田　店舗があれば店は逃げられないので、警察に行けばいいとか、いろんな意味合いがありますけど、確かに店舗の方が安心感がある。

松沢　サービスが悪かった場合、本人には言えないけど、スタッフには文句を言えるとかね。ただ、現在東京では店がどんどん規制されて、店舗型がなくなってきていて、その代わりに出会い系が増えてますよね。出会い系カフェとかお見合いパブとか。あれは個人売春ですけど、店舗はある。互いにネットよりも安心感があるし、単純売春なので、売防法の罰則規定がなくて、街娼より

は捕まりにくい。

山田　単純売春というのは、一対一の関係での交渉に基づく売春のことですね。

松沢　個人売春と限りなく近い言葉です。雇い人の元で売春して、その売り上げを分けるような業態が管理売春。出会い系の店がやっているのは、客と客を引き合わせることであって、それ以降は客同士の交渉になりますから、売春がなされたところで単純売春です。売防法では勧誘は禁じられていますが、出会い系の場合、不特定多数に対する勧誘ではなく、知り合ってから個人との交渉になるので捕まらない。

しかし、2人でホテルに行くので別のリスクがあります。金を奪われるかもしれない。その点、店舗は安心です。十数年前に吉原でソープ嬢が客に殺された事件がありましたけど、店舗で殺されることは滅多にない。その時の犯人もそうですけど、自分も死のうと思っていないとそんなことはしないし、相手を殺して自分も死のうとしたってその前に捕まります。遊廓でも、心中とされるものの大半は無理心中でした。遊廓は泊まりが基本

なので、寝ている娼妓を殺して自分も死ぬことができたでしょうが、今の店舗だとそうはいかない。一方、ラブホテルだと客が何かしても捕まりにくいので犯罪が起きやすく、危険の多い空間で働かざるを得ないワーカーが増えています。

山田　ＳＷＡＳＨの要さんがそれについては調べているみたいですね（第7章170頁参照）。

松沢　ラブホテルでの犯罪件数について、驚くような数字が出てます。店舗を規制しろと言ってきた人たちが殺人を招いたわけです。そのため、どこの国でもセックスワーカーは自衛のために協力し合うのが常ですけど、ここでまた問題が生じることがあります。

個人売春は合法でも、複数人で連携した行動をすることを禁じている国や地域があります。たとえば、10人集まってボディガードを雇うことになって、そのギャラを払うため、売り上げの10パーセントを供出します。部屋を共同で借りてその建物に張り付いてもらった方がいいので、更に20パーセントを徴収してアパートの部屋をいくつか借ります。その管理や調整のために一人が専従となって、その生活費を10パーセント徴収すると、売り上げの4割を抜く店舗型の性風俗と一緒です。

これを禁止すると、今度は個人がボディガードを雇うことになります。だったら、彼氏や夫をヒモにして、ボディガードにすればいい。現実にこれは日本でもパンパンの時代に起きました。そうすると、悪質なヒモがつく場合がありますし、ヒモに搾取されていると非難されて、仕事を否定する根拠にもされてしまう。そこに追い込んだ人たちは、今度はそれをあげつらってさらに追い込む。性風俗否定派の常套手段です。性風俗を違法にして暴力団を招き入れ、今度は「暴力団の資金源になっている」と叩く。悪辣なマッチポンプです。このように、個人売春を合法にしても、管理売春を違法にすると、個人がつながることができず、リスクが高まる可能性があります。

【歴史編】

▼パンパンと赤線の時代

山田　パンパンとは敗戦後の焼け跡時代の街娼の

ことですね。

松沢　そうです。パンパンには強いシンパシーがあって、それをまとめたのが『闇の女たち　消えゆく日本人街娼の記録』（新潮文庫、２０１６年）です。戦争で夫を亡くして子どもを抱えた女たちが街に立ったと見ている人たちがいると思いますが、そんなのは一部であって、パンパンは戦前の不良少女団の流れを汲むような女たちです。田村泰次郎の『肉体の門』が描いたように、掟破りはリンチにかけるような集団。もうひとつは沖縄で「アメ女《じょ》」と呼ばれるようなタイプです。カッコいい米兵と仲良くしたい。この層には女学校卒がけっこういました。普通に考えたって、何も雨や雪の中で震えながら、顔を晒して、殺されるリスクもある街娼より赤線に行くでしょ。それでも街に立ったパンパンはこの国に対する反逆だったんです。戦時体制になって、婦人団体が化粧や服装をチェックして回り、敵性語である英語も勉強できなくされた。戦争に負けて、失われてきた自由を取り戻すために街に立ったんです。米兵とイチャイチャして、派手に振る舞うパンパンに対して、「やむなくやっている赤線はいいけど、パンパンは取り締まるべき」という意見が強かったことが昭和24年の世論調査の数字に出てます。ここに世間の道徳が反映されていて、「売春はいけないけれど、やむなくやるのは仕方がない」ということです。道徳が管理売春を支持していたわけです。

山田　当時、街娼は合法ですか？

松沢　売春も街娼も当初は合法です。ところが、敗戦後すぐの昭和23年に性病予防法が作られて、街娼の狩り込みがなされます。トラックに積み込まれて、強制検査をさせられて、感染していると強制入院です。十数年前に台湾で、警察がハッテン場に踏み込んで強制検査をして国際的に批判されたことがありましたが、それと同じです。パンパンたちは、グループを組織して、仲間が狩り込みをされると差し入れをするなどのサポートをしています。だったら、そのグループを使って、性病検査やコンドームの配布などの対策がとれたはずなんです。しかし、この国はそういう発想ができるほどには道徳から自由ではなく、女の自己決定を尊重することはできませんでした。

ここで不思議なことがあります。性風俗の歴史について書かれたほとんどのものが、赤線は売春が黙認された、あるいは公認された場所と書いてます。

山田　そうなってますね。

松沢　おかしいんです。売防法ができるまで売春は禁じられていませんでした。なのに赤線というエリアを作って黙認したり、公認したりする必要がどうしてあるのか。私もこれがわかるまでにはけっこうな時間がかかっているんですけど、赤線のような存在でさえも、法的にどういう位置づけだったのか、半世紀で完璧に忘れられています。パンパンが哀れな女イメージになってしまったのと同様、いかにこの領域では調べる人がいないのかの格好の例です。

▼自由意思による売春はいかにして潰されたか

松沢　それでは赤線とは何か。昭和22年に公布された勅令九号[2]というのがあります。一条は売春の強制や人身売買を禁止したもの。二条は管理売春を禁じています。この二条の適用をしないのが赤線です。もともとGHQは個人の自由を妨げることを理由に公娼制度を廃止しましたが、個人の売春は禁止しない方針でした。米兵の間で性病が蔓延して、そうもいかなくなるわけですけど、その方針に沿って出たのが勅令九号です。悪質な管理売春を防ぐためなら赤線を取り締まれという要求をすればよかったはずなんです。そして、街娼は放置でよかった。ところが、勅令は日本の独立とともに失効します。

山田　勅令は明治憲法下の法ですからね。

松沢　勅令の一部は延長されますが、それも期限付きだったので、その代わりの法律が必要になった。それが売防法であり、その結果、もともとのGHQの方針も勅令も無視されました。売防法の第5条に勧誘という条文が入れられたことで、個人売春の実行は不可能になります。これによって街娼たちの一部は暴力団支配の業種に流れていく。これを黒線と言います[3]。男の関与を排して自主独立の業態が出てきたのに、婦人議員や婦人団体は女たちを暴力団に手渡したわけです。赤線では組合が売防法に反対して立ち上がり、新吉原女子保健組合を中心に、路上で顔を晒し、雑誌にも顔を出して、全国大会も開くのですが、あえなく潰されてしまう。赤線従業婦組合は世界的に見ても先駆的なセックスワーカーの大規模な組合であり、日本の婦人運動史の中でも特筆すべきものだと信じて疑わないのですが、それに対して婦人議員や婦人団体は聞く耳を持ちませんでした。結局、売防法は制定されてしまいます。

山田　昭和33年ですね。

松沢　制定されたのが昭和31年、一部施行が昭和32年、全面施行が昭和33年。私が生まれた年です。売防法とともに生まれた呪われた運命です（笑）。これについては歴史家の藤目ゆきさんが「女性解放運動の敗北」としています[4]。家父長制に基づく道徳を信奉する女たちに先駆的な婦人運動が潰されて、そちらの流れを汲む人々が今もフェミニストと名乗っています。既存の制度の中で利益追求することもまたフェミニズムだろうから、フェミニストではないとは言わないですけど、制度を疑う女たちを国家の力を使って潰すようなフェミニストたちはただの道徳の警備員です。

山田　勅令九号第一条で定められているような強制労働や人身売買は禁止され、黙認もされなかったのだから、赤線ではそのようなことはなかったと考えていいわけですか？

松沢　赤線の店でも第一条違反で摘発されているケースはありました。違法な行為があったことの証拠とも言えるし、法が機能していたことの証拠でもあります。赤線は警察も保健所も一定関与していて、検黴（性病検査）も実施されてました。しかし、遊廓ほどは徹底していないので、悪質な業者を排除しきれなかった。新吉原女子保健組合は、その名前を見てもわかるように性病対策として始まっているのですが、労働組合化して、玉割《ぎょくわり》（ギャラの配分のこと）の交渉もやっています。もっと力を持てば悪質な業者は放逐できたはずなんです。

遊廓では、前借《ぜんしゃく》があったのですが、赤線では前借を出す店は少なくなってました。戦前は親元の住所までわかっていたので、遊廓から逃げても親に請求が来てしまう。前借についても警察が把握してましたから、公的に借金の記録が残る。でも、赤線では逃げられたらそれまで。すでに戦前に比べれば働く女たちにとってはいい環境にはなっていたのですから、組合のバックアップこそが適切な対策だったことは明らかなんです。

▼公娼と私娼

山田 前借がどういうものだったかの説明をもう少しお願いします。

松沢 まず、戦前に時代を遡って遊廓について説明しましょう。遊廓や花街に関する法律には、[5]「芸妓」「娼妓」や「芸妓」という言葉が出ています。「芸妓」は芸者のことで、遊廓に付随して発達したものですが、明治以降は独立発展をしていきます。対して、遊廓にいるのは「娼妓」です。明治以降は正式名称としても一般の用語としても「娼妓」が使用され、芸妓と娼妓を合わせて「芸娼妓」と言います。

「遊廓」は、娼妓が商売ができるエリアのことで、そこにある店は一般の用語としては江戸時代から「妓楼」です。これに対して、明治以降の正式名称は「貸座敷」です。赤線になると「特飲店（特殊飲食店）」です。江戸時代と違う点は、娼妓は個人営業だったことです。現実には貸座敷が経営主体であり、娼妓は雇われですけど、手続きとしては娼妓が警察で登録をして鑑札を得ます。

山田 鑑札というのは許可証ですね。

松沢 そうです。貸座敷も貸座敷の鑑札を得た上で、鑑札を得た娼妓を住まわせ、商売をさせるのが仕事です。座敷を貸すから貸座敷。ここを理解しないと、関連法の条文を読んでも意味がわからない。小説や漫画、あるいはノンフィクションでさえ、生娘が騙されて客をとらされるなんて話が出てますが、あり得ません。娼妓になる段階で処女はゼロに近かったという調査報告もあるのですが、その前に手続きとしてあり得ない。警察で意思を確認して、実家のある地域の警察署への照会もして初めて鑑札が発行されます。性病検査も必要でしたから、その日にすぐに客をとらされるわけがない。騙されて、ということがあり得たのは私娼です。

山田　公娼ではない業態ですね。

松沢　つまりはモグリです。エリアについては「私娼街」「私娼窟」と言われ、婉曲に「魔窟」なんて言い方もされてます。「私娼」という言葉は人に対しても使用されますが、表向きは飲み屋だったりするので、そこで働く人は「酌婦」と言われたりもします。

関東大震災が契機で生まれた玉ノ井と亀戸の私娼窟については警察は黙認することになるのですが、こちらは「騙されて」というケースがあったようです。よく当時の雑誌や本に出ているのは家出少女です。上野に着いた少女に親切な人が声をかけてきて、「女中の口を紹介してあげる」と言われて、着いてみたら亀戸のしもた屋。やっと落ち着けると思ったら、女将が「客をとってもらうよ」と言い出し、「そんな話は聞いてない」「お金は一緒に来たあんたの叔父さんに払ったんだから、3年は働いてもらうよ」みたいな展開。「家出をしたらこんな目に遭う」みたいな教訓になっていて、創作も混じっているんでしょうけど、現実にもあったようです。親によっては、娘が納得しないので娼妓にはなれず、本人を騙して私娼に連れて行くなんてことも当時のものには書かれています。

その分、こっちにはアルバイト気分で働くのもいました。こういう層も公娼では働けない。困窮していなければ娼妓にはなれず、前借のないのも私娼には多くいました。永井荷風も玉ノ井を描いているように、あの時代は、古くさい娼妓よりも今風の女たちがいる玉ノ井や亀戸がよく雑誌で取り上げられています。

▼売春の背景にあった貧困問題

山田　前借は実際には親が受け取るわけですね。

松沢　遊廓ではそうです。親がいない場合は親権者ですね。働き出す前に金を渡し、その金額に見合った年数働くことを意味する借金が「前借金《ぜんしゃっきん》」です。前借による労働を年期（年季）制度と言います。細井和喜蔵の『女工哀史』に書かれている通り、女工もそうです。

明治に入って、法的には、前借によって労働を強いる契約は無効になったのですが、それを避けるために労働の契約と借金の契約が別になっていきます。今現在でも、会社員が会社のローンでマンションを買い、給料から天引きされて返済していく制度があります。借金が直接に労働を強いる契約になっていない限り、合法です。

山田　借金は残るけれど、仕事は辞めていい。

松沢　そういうことです。銀行に借りても、ローン返済のために仕事を辞められないということは起きるわけで、雇用者と金貸しが同じであっても、仕事の強制がパックになっていない限りは合法。

明治初頭、ペルー船籍の船が横浜に停泊中、清国の奴隷たちが逃げ出した事件があって、この時に日本にも奴隷制度があると非難されたのを受けて明治5年に出されたのが通称・芸娼妓解放令（太政官布告第295号）です。これは人身売買と年期制度を禁止し、前借による契約を無効としたものです。「娼妓芸妓等年期奉公人」と書かれているように、あらゆる産業でなされていた年期制度に基づく奉公人が対象で、女工も入ります。しかし、遊廓や工場を直接禁止したわけではなく、以降は借金と労働が分離した契約となっていきます。現実には、芸娼妓も女工も貧乏だから親が娘を差し出すわけで、借金は返済できず、実情は変わらない。

これに対して、遊廓の廃止を求める人たちは自廃（自主廃業）を娼妓に呼び掛けてました。しかし、借金は親に請求が行くので、おいそれとは辞められない。明治以降は外出もゆるくなって、神保町や上野の救世軍に駆け込んできた娼妓がいると、警察の立ち会いのもとで経営者と交渉をします。契約書の不備を突いて無効だと主張する。不備がないと「これだけ働いたんだから、もういいじゃないか」という交渉をします。救世軍がやっていたのは借金の踏み倒しだと当時評されていて、娼妓にもその目的で救世軍に駆け込むのがいました。ここで踏み倒すと、次は私娼で前借を得る。私娼はチェックが甘いので、受取人は親ではなく、イロつまり男だったりもします。救世軍は憎き楼主（妓楼の経営者）を困窮させるために、こういう娼妓たちも利用したわけです。

山田　それに対して、私娼は法に基づいてないいため、家出少女を騙して連れてくることができたわけですね。

松沢　公娼では周旋業も鑑札が必要でしたが、私娼では悪質な周旋人が出入りしてしまう。そのため、私娼についても、これに反対する闘争をしていた人がいます。南喜一という人物です。もともと工場主だったのですが、関東大震災で亀戸事件が起きて、親族や従業員が殺されています。朝鮮人虐殺は自警団を中心とした市井の人たちがやったのに対して、大杉栄や労働運動家たちを殺したのは憲兵や警察です。これがきっかけで南喜一は工場を畳んで左翼運動に身を投じ、やがて玉ノ井解放闘争をやります。救世軍の影響でしょうが、結末が違う。田舎に戻っても食うものもないのだから親も困る。助けた女は結局また別の場所で私娼をやる。それに気づいて、この運動から身を引いていきます。戦後はまた実業の世界に戻ってヤクルトの会長もやっています。

山田　貧困がある限りは同じだと。

松沢　群馬は早くから廃娼を実現した（明治26年）県ですが、その分、料理屋で売春が行われ、むしろエリアが増えてしまって、結局、半公認することになりました。公娼制度を維持する主張を存娼と言いますが、存娼派は「私娼はかくかくひどい有様であり、法で管理している遊廓の方がいい」と主張しました。廃娼運動とは騙されて客をとらされるような遊廓に反対したものだと思っている人は、ここを理解できていません。その主張は自由意思による売春を認めない点で、存娼派と地続きなんです。

▼廃娼運動は人権運動ではない

松沢　今考えると、公娼にせよ、私娼にせよ、問題は前借にあることは理解しやすいですよね。ロクでもない親もいて、前借を博打と酒に使い果たして、娘のところに来ては金をせびるということをやるのも少なくありませんでした。年期期間は最長6年と定められていて、前借の金額に合わせて2年だったり3年だったりするのですが、親がせびっていくので期間が長くなる。もちろん、病気で倒れればその分、延長になる。しかし、借金が残っていても、期限が来ると辞められる。その前に辞めるためには、客に借金を返済してもらい、妻や妾になるしかない。これを「身請け」「落籍」と言います。金で結婚したり、妾になるのはひどいと思われるかもしれないですが、女たちにとっては、それが夢です。田舎にいたって金のある男と結婚できるわけがない。

でも、借金がなければもっと楽だったわけで、どうして前借を廃止できなかったかと言えばひとつは工場の人員確保のためでしょう。こっちの方がはるかに多くの人を必要として、その確保のためには前借が必要でした。仮に遊廓だけ前借を出してはいけないことにしても、結局、妓楼ではない金貸しが金を貸して、同じことになった可能性もありますが、借金と労働は別であることをはっきりさせるだけでも違ってきます。でも、できなかったのです。本人の意思による売春を社会は許しませんでした。困窮した親のための売春や子どものための売春のみを容認したのです。だから、遊廓では前借を出す契約になっていて、警察も、その範囲でしか鑑札を出しませんでした。つまり、遊廓を支えていたのは家族制度とそれに基づく道徳です。女は親のため、子どものために犠牲になるべしという道徳です。

山田　それに該当しない女たちは私娼に行くと。

松沢　あるいはカフェーやダンスホールで働くか。相当の範囲で客との売春が行われていたため、これらは半私娼と呼ばれてました。カフェーは、相応の容姿や知性が求められて、林芙美子を筆頭とした作家や女優も生み出していたくらいで、田舎娘がいきなり働くことは難しい。ダンサーもダンスができないと話にならないし、女学校を出てないと働けないホールもありました。学歴も技能もない田舎娘は、私娼が手っ取り早く金になる。女工から私娼になるのも多くて、工場が人材を供給していた側面があります。

遊廓に反対していたのは矯風会や救世軍のようなキリスト教団体が中心です。彼らが何を根拠に廃娼を訴えたかと言えば宗教道徳です。セックスは一夫一婦の中でなされるべきであり、売買春はそれを破壊するものであると。その証拠には、よりひどい環境に置かれた女工の解放運動なんてことはやりませんでした。

山田　廃娼派も存娼派も道徳に基づいていたんですね。

松沢　人権に基づく主張をしていた人たちもいます。のちに鷲尾雨工という名前で時代小説家として活躍する鷲尾浩という人がいます。この人は「貧困がある限り、売春をする女たちはいなくならない。だから、貧困をなくさなければならず、それが実現するまでは公娼を残し、その中で改善をしていくべし」といった主張をしています。しかし、こういう主張は道徳に反し、社会改良の主張を伴うため、この本は自身がやっていた出版社から非売品で発刊しています。

この貧困を解消したのはＧＨＱです。農地改革と同時に公娼制度の廃止をやったのは辻褄が合っている。絶望的な貧困をなくすことを自分らの手ではできなかったのがこの国です。廃娼派には貧困をどうするのかなんてヴィジョンはありませんでした。慈善運動をやる程度で、公娼をなくせば私娼がなくなるという幼稚な論しかない。公娼をなくしたって貧困が消えるはずがないじゃないですか。一層困窮するだけです。結局、廃娼派の多くは体制擁護なんです。日本の近代化を支え、戦争ができる国家を作り出す工場には反対するわけがない。矯風会は、日露戦争以降、一貫して軍部を積極支持してきた団体であることをちゃんと見ておいた方がいい。

山田　なのに、いつの間にか、廃娼運動は人権運動だと思われてますね。

松沢　伊藤野枝も平塚らいてうも、激烈に廃娼運動を批判しています。与謝野晶子もそう。道徳こそが女を縛ってきたことをわかっていたからです。彼らがああも批判した廃娼派の流れを汲む人たちと婦人議員が結託して作り出したのが売防法です。戦前、大杉栄を刺した神近市子という人がいます。戦後は国会議員として売防法制定に尽力し、性表現の規制をも主張しています。この人ははっきり売防法は売春の害毒から主婦の生活を守るための法律であり、そのために売春をする女たちが犠牲になるのは仕方がないと言っています。売防法は一夫一婦制のための法律なのです。

【現代編】

▼個人的法益と社会的法益

松沢　売防法を制定しようとしていた勢力は、「先進国でこんな国は日本だけ」という言い方をしていました。これはどこを見るかなんです。管理売春も個人売春も違法としていた国は必ずしも多くない。米国の連邦法ではどちらも合法でしたし、街頭での勧誘を規制する法律があっても、個人の売春は禁じられていない国は当時からいくつもありました。そこには触れず、「海外では」「先進国では」とやって、いかにも日本が遅れているような印象を作り出して、売春を違法として、勧誘を罰することで個人の決定権を奪ったわけです。事実だったらいいとして、虚構の海外を持ち出す。とくにポルノでこういうことを言う人たちが今もいますよね。児童ポルノについては厳しい国が多いですけど、ポルノ一般については半世紀近く前から解禁されています。先進国に限らず、ブラジルなどでも解禁されています。

山田　ヨーロッパではキオスクのような場所で、丸出しのゲイ雑誌が売られていたりします。

松沢　なのに、日本ではいまだに性器を出せない。刑法175条が存在していて、アートでも性器を出せない。そうも欧米がいいのなら、刑法175条の撤廃を求めないと筋が通らない。それどころか、刑法175条はヘイトスピーチ規制を肯定するネタにもされている。表現の自由は刑法175条ですでに制限されているのだから、規制が増えてもいいと弁護士でさえ言っている。刑法175条への批判は途切れずあるのだし、裁判でも闘われているのに、それを無視して表現規制の拡大を狙う人がいて、それを掲載する新聞もあるから私は頑なに反対するしかなくなります。名誉毀損だって法で禁じられているのだから、ヘイトスピーチも禁止していいという論もありますが、名誉毀損は個人的法益の法律ですから、法の質が違います。

山田　保護法益というのはその法律が何を守るためのものかということですね。

松沢　名誉毀損罪は名誉を守るためのものであるように、個人の生命、身体、財産、生活、安全などを守る法益を個人的法益と呼びます。対して売防法も風営法もヘイトスピーチ規制法も、社会的法益の法律です。直接の被害者が存在しない。賭博罪は負けた人が被害者なのではなくて、負けた人もまた捕まります。では、何を守るのかと言えば秩序だったりします。曖昧です。曖昧だから、すべてダメということではないのですが、個人的法益の法律と違い、公権力がこれを判定する。だから、ストリップやハッテン場に公然わいせつが適用されてしまいます。公然わいせつも個人的法益の法律にすれば拡大はしない。路上で性器を出す人を見た人が被害届を出して初めて警察が動く法律であれば、合意が成立している場であるストリップやハッテン場には適用されなくなる。社会的法益の法律はその過程がないため、その分拡大しかねない。だいたいポルノ解禁をした国では秩序が崩壊していますかね。売春を合法化した国々で秩序が崩壊していますかね。不要な社会的法益の法律は廃止した方がいい。でも、それが半世紀経ってもできないのがこの国です。

▼法と道徳

山田　法と道徳の関係はどう考えたらいいんでしょう。

松沢　道徳は「誰もが常に守れるものではないが故に尊い規範」と言えようかと思います。対して法は「誰もが常に守ることが当然の規範」です。電車のホームから子どもが転落して、助けようとして線路に飛び降りて、子どもをホームに抱え上げたところで電車が来て亡くなった人がいたとします。この行為は誉め称えられるべきです。しかし、「他の人は何をしていたんだ」と非難をしてはならない。誰でもできることではないから尊いのです。道徳は家庭でも学校でも教えていい。しかし、それを強いると、そのうちお国のために死ぬことになります。道徳を広めたいのであれば、自身が実践することで素晴らしさを伝えればいい。欧米では道徳の時間がない分、国によっては公立でも宗教の時間があったりします。キリスト教に偏らず、宗教や信仰一般について考える。その中で道徳が教えられる。宗教も道徳体系と言えて、これを法にしたり、強制したりするのはまずい。さまざまな宗教から選択でき、信じないことも選択できる社会がいい社会であるのと同様、道徳を実践する自由もあれば実践しない自由もあるのがいい社会です。

山田　法と道徳がごっちゃになっている人が多いですよね。人を殺してはいけないのは道徳だと思っていたり、道徳的に正しいのだから法にしていいのだと思っていたり。

松沢　人を殺してはいけないという道徳もあるだろうけど、法がそれを禁じているのは人権を侵害するからです。個人的法益です。法の議論において、道徳は不要ということを説明するのに労力の99パーセントを費やさなければならない。だから、まず小学校で法教育をやってもらって、それから20年したら議論をしたい（笑）

山田　わかっておかなければならないことがいっぱいありますね。

松沢　わかっておかなければならないことがいっぱいあることをわかって欲しい。個人の感覚、感情を議論に持ち込むことをそろそろやめて欲しい。ところで、日本が近代化したのはいつかという評価は、近代とは何かの定義によっても違ってきますよね。

山田　私は戦後だと思っています。

松沢　近代の基準を法に見いだすことも可能で、新憲法でやっと近代が始まったとも言えます。婦人参政権も、姦通罪の撤廃も、一定年齢まで結婚には親の許諾が必要だったのを改正したのも、全部戦後です。戦争に負けたおかげ。婦人参政権は議会で取り上げられるところまで至っていたので、戦争をやっていなかったら実現していたかもしれないけれど、刑法１７５条や売防法を見ればわかるように、なお日本は近代化していないとも言えます。道徳を基本にした法は近代法ではありません。

山田　近代法は人権が基本原理ですよね。

松沢　今なお道徳を基本にした法も存在します。宗教国家の法がそうです。同性愛者を死刑にしたり、鞭打ちにしたりする国家は野蛮です。対して近代法は、道徳とは別です。そのことを理解するのに適切な例は姦通罪です。戦前は妻が浮気をすると刑事罰になった。親告罪だったのですが、妻だけに適用される法律ですから不公平です。その点を改善して、両罰の姦通罪を今現在作るべきでしょうか。妻や夫の浮気は「許せない」と考える人は多くても、また、道徳としてそれが正しいのだとしても、姦通罪復活なんて主張しない。家庭内の問題だからです。その家庭内の都合を社会に拡大した時には、スワッピングをやっている夫婦、互いのプライバシーに介入しない夫婦、自分はセックスが好きではないのでパートナーがよそでやることを推奨している夫や妻といったさまざまなありようを否定してしまいます。

▼人権と個人主義

松沢　同じく、家族がセックスワークに従事している、あるいはその客になっていることの解決は家庭内でやればいいんです。前にオランダのテレビ局が日本に来ていて、SMバーに連れていったら、レポーターが自らムチをふるっていたんですよ。その番組は夜の9時からで、「こんなの放送できるのか」と聞いたら、地上波でも夜の9時から性器の映像を放送できるので問題ないと。ヨーロッパでは深夜零時とか1時からの国が多く、9時からというのに驚いて、思わず、この私でも「子どもが見たらどうするんだ」と聞いたのですが、「それは家庭の問題。子どもに見せたくないなら見せなければいい。それができない家庭のために、大人が見る権利を侵害されるべきではない」という説明に感銘しました。自分の無能さを棚に上げて解決を法に委ねることは、親の責任の放棄、権利の放棄です。

「海外では」と言いたがる人たちは、虚構の海外ではなく、現実の海外を見るべきです。この根本にあるのは、社会をバラバラの個人の集まりと認識しているのか、自分と同じ個人の集まりと認識しているのかの違いだろうと思います。「私」と同じ他者の集まりだと思っているから、「私の感情」「私の家庭」は社会の判断基準になると信じられる。自分と違う個人の集まりと認識しているなら、「私の感情」は私のものでしかないとわかるはずです。

セックスワークの議論の際に、「私はそういう仕事はできません」と言い出す人たちがいます。

だから何？　それは個人の事情でしかなく、法にはなり得ない。とりわけ性の領域ではこういう人たちが出てきます。自分の性のありようを他人や社会が共有しないと許せない人たちは独裁者という変態だと思います。という国なので、「これから近代化をしませんか」というのが私からの提案です（笑）

山田　私は日本は戦後近代化したと考えていますが、松沢さんはまだ近代化されていないと考える。

松沢　便宜上、明治以降を近代だと私も言いますけど、今の政権は道徳教育を強化し、憲法で人権を弱めて家族を上位にもってこようとしている。前近代ですよ。リベラル側にも、家庭に国家が入り込むことに抵抗がない人たちがいっぱいいる。個人主義は利己主義とは違います。個人を単位とする考え方であり、他者という個人も尊重する。道徳が上位に来て、個人の決定が許されない社会より、道徳に反しても個人が決定できる社会は個人主義です。それを保障するのが人権であり、人権は個人のものです。現憲法は人権に基づいているのですから、突飛なことを言っているわけではない。

▼これからどうするか

山田　ここまでの話でもわかるように、果たしてどうしたらいいのか、本当に難しい。

松沢　最終目標はセックスワークの絶対的非犯罪化です。個人でやるも、店に属するも、その選択はそれぞれが決定すればいい。しかし、いきなりは無理ですから、まず売防法を撤廃するとして、風営法を今のまま残すのか、改正するのか、風営法も撤廃するのか、別の法律を作るのか。これは、渋谷のハチ公前で、「私と2万円でセックスしませんか」と誘いかけることを社会が堪えられるかという問題でもあります。その対策としてエリア指定をしてもいいし、現状でも客引きを禁止している条例がありますから、それで対処してもいい。これについては答えはまだなくて、皆さんが考えていくしかない。そのためには、海外の事例も知る必要がありますが、海外のやり方をそのまま日本に持ち込めばいいってものではない。当然日本の現行法も知る必要があります。セックスワークの現場がどうなっているのか、セックスワーカーがどう考えているのかを知るのも必須です。

そこで方向が見えてきた時に、障害になるのはやっぱり道徳です。たとえば、日本のプロテスタントは同性愛嫌悪を前面に出すようなことはしないですが、韓国は信者が多い分、ためらいなく同性愛憎悪を剥き出しにしてきます。韓国のクィア・パレードでも山田さんと会いましたね。

山田　そうでした。プロテスタント側も数千という単位の動員をかけていて、すさまじい妨害の中でのパレードでした。

松沢　韓国人の知人女性に「韓国もフェミニストはひどいみたいだね」と言ったら、「ひどいですよ。でも、日本のフェミニストはもっとひどい」と言われてしまいました。韓国のフェミニズムはキリスト教の影響が強くて、決して状況が日本よりいいわけではないのだけれど、反同性愛の運動に見られるような狂信的なキリスト教原理主義に対する反発も強いことが「まだまし」と言えるかもしれない。それに対して日本では、キリスト教道徳と、家父長制道徳とが渾然一体になっていて、伊藤野枝や平塚らいてうの時代には存在していた警戒心のない人たちが多い印象があります。道徳に依拠することに抵抗がない。また、個人主義が根付いていないから、他者の意思を尊重できない。口では共生社会なんて言えますが、共生社会は自分と違う価値観を持つ人が隣にいる社会であるということの想像ができない。全部改善しない限り、非犯罪化は無理です。もう一回戦争をやって負けて、戦勝国にすべてリセットしてもらいたいというのが結論です（笑）

山田　どこの国に負けるといいのか難しいですね。

松沢　さしあたってはニュージーランドですかね（第６章１４４頁参照）。それは冗談として、もろもろが凝縮されているので、この分野を突き詰めていくと、この国の現実を知ることができます。その際、その辺にある本を鵜呑みにしないでください。海外のものを読んで欲しい。翻訳されているのがまたドウォーキンのような道徳警備フェミニズムのものだったりするのですが、これを批判したフェミニストのものが欧米では多数出ていて、その一部は翻訳されています。世界中でセックスワークの権利運動を担っているのはフェミニストです。信頼できるフェミニストはそちらです。歴史については、リアルタイムに書かれたものを読んでください。遊廓については国会図書館がネット公開しているので、今日お話ししたようなことを確認できます。平塚らいてうや伊藤野枝による矯風会の罵倒も読めます。突き詰める人が少ないのが現状ですが、今回の本では、いろんな視点が提示されますので、どこからでもいいので、突き詰めていただきたい。

（この対談は、2017年4月29日～30日に東京で開催された「セックスワーカーのためのアドボケーター養成講座」で話された内容を一部改編したものです）

［1］　広島のマントルという業種では日本人でも部屋貸しだが、これは例外中の例外。

［2］　婦女に売淫をさせた者等の処罰に関する勅令（昭和22年1月15日公布）

第一条　暴行又は脅迫によらないで婦女を困惑させて売淫をさせた者は、これを三年以下の懲役又は一万円以下の罰金に処する。

第二条　婦女に売淫をさせることを内容とする契約をした者は、これを一年以下の懲役又は五千円以下の罰金に処する。

第三条　前二条の未遂罪は、これを罰する。

（以下略）

［3］　売防法逃れの業種全般のことを白線《ばいせん》と言い、その中で暴力団支配のものを黒線と呼んでいた。

［4］　藤目ゆき『性の歴史学』不二出版、1997年、402頁

［5］　「花街」は遊廓を含めることもあるが、ここでは芸者町の意味。法律上は「三業地」と言い、料理屋・待合・置屋の営業が許された。

コラム

トランスジェンダーとセックスワーク

畑野とまと

▼はじめに

近年LGBT（レズビアン・ゲイ・バイセクシュアル・トランスジェンダー）という言葉が流行したおかげで、「トランスジェンダー」という言葉の認知度は随分上がってきたと思います。ただ、日本では疾病である性同一性障害のイメージが強いためか、必ず「身体の性と心の性が違っている人」などといった説明が後ろに付加されたりしています。

しかし、こうした説明は未だにジェンダーステレオタイプの枷をはめられており、現実とは大きくかけ離れた部分もあります。

トランスジェンダーとはジェンダー（社会的性）をトランスする（超える）人全般のことで、どういう理由で超えているとか、どのように超えているといった部分で切り分ける必要は無いわけです。

人間の社会には国や地域・時代などによって様々な形で男女を分ける文化があり、その切り分けに従えない人たちがいつの時代にも少なからず居たわけで、そういう人を現代ではトランスジェンダーと呼ぶのです。

社会の切り分けに従えないということは、社会規範にそぐわないわけで、現代でも就職などは困難ですが、LGBTの人権が叫ばれる以前はセックスワークやショーガール以外の選択肢は皆無といった状況でした。

▼LGBT人権運動の始まりには トランスのセックスワーカーが居た

LGBTの人権の話が出始めたのは、今から半世紀ほど前のアメリカからと言われています。当時はまだLGBTといった切り分けが無く、性的倒錯者扱いだった自分たちのイメージをアップさせるために、LGBTの人たちは1950年代ごろから自らを「ゲイ（陽気な人）」と名乗るようになっていました。その頃のアメリカは多くの州で異性装が法的に禁止されていて、三つ以上異性の衣服を身につけていると犯罪となり、逮捕・投獄されてしまうといった状況。ゲイであり異性の衣服を好んで身につけるような人は10代半ば辺りで家を追い出され、食べていくために通りに立つようになることも珍しくなかったそうです。

「ゲイ」という言葉が少しずつ目立つようになると、アンチの声もまた大きくなり、1953年に時の大統領アイゼンハワーが公的機関におけるゲイの就業を禁止する大統領令を発効するなど、ゲイへの風当たりがきつくなっていきました。

そのような状況でいわゆるLGB（レズビアン・ゲイ・バイセクシュアル）は普段は出来るだけ隠れて生活して、都市部のゲイバーなどで羽目を外すというのが定番でしたが、トランスジェンダーはそうはいきません。異性装をしている人は犯罪者扱いですから、トランスジェンダーであることがばれるとアパートも借りられず、仕事にも就けず、ホームレスとなりその日暮らしのセックスワーカーになるしかないというわけです。

各地にセックスワーカーのトランスジェンダーが集まる場所があり、そこでは異性装の疑いを受けての警官によるIDチェックをきっかけに、LAやサンフランシスコで暴動が起こりました。

こうした騒動の流れから、現在のLGBTの人権につながる大事件、ストーンウォールの暴動が起こります。1960年代後半、ニューヨーク市長がゲイバーでの酒類販売免許の停止を決定し、ドラァグクイーンやトランスジェンダーなどが居る店は外から見てゲイバーと判り、規制対象になったのです。暴動の舞台となるストーンウォールインは、マフィアが警察に賄賂を払い、ゲイバーとして酒の販売を続けていたのですが、賄賂の要求額が増え警察の関係が決裂します。１９６９年の6月28日、ニューヨーク市警はストーンウォールへ踏み込み、客や店員が次々と逮捕されるなか、１人のトランス女性が持っていた瓶を警官に投げつけたのをきっかけに三日三晩続く暴動に発展したのです。

この暴動の中心に居たと言われるシルビア・リベラ、マーシャ・P・ジョンソン、ミス・メジャーの３人は、いずれもセックスワークを経験しているトランス女性でした。そして、この暴動がきっかけでゲイの人権について声を上げる当事者が増え、暴動から1年が過ぎた１９７０年6月に第1回ニューヨーク市ゲイプライドパレードが開催されることになるのです。

トランスジェンダーに対する差別がキツイ状況は続き、シルビアとマーシャはホームレスとなったトランスジェンダーを支援するグループS.T.A.R.（Street Transvestite Action Revolutionaries）を設立。この流れがセックスワーカーの人権活動へとつながっていったわけです。

▼ニューハーフヘルスの流行

さて、それでは日本の状況を見ていきましょう。日本では江戸時代の歌舞伎から派生した陰間茶屋（女形見習いの少年が、修行のために性的サービスを行う店）などの文化もあり、ゲイやトランスジェンダーのセックスワーク文化は古くからありました。

戦後直後の１９４８年には、時の警視総監が部下とマスコミを引き連れて上野公園の視察を決行し、突然大勢で現れた警察やマスコミに怒った男娼が、この集団に殴りかかり暴動に発展するという、日本版ストーンウォールのような事件も起きています。当時、上野公園に多くの娼婦が集まっていて、そこでは和服の女装をした男娼も商売をしていたのです。

それから時がたち、１９５６年に売防法が制定され、１９８０年代にはエイズパニックが起きて、非ホンバン系風俗のファッションヘルスが増えていきます。その流れに乗って1990年代初めに東京の鶯谷にニューハーフヘルス1号店となる『元祖ニューハーフ』がオープンするのです。

「ニューハーフ」という言葉は1980年代から使われるようになったのですが、一般的に広まることは無く「Mr.レディー」といった言い方のほうが有名でした。しかし1980年代末から『笑っていいとも』で『Mr.レディー Mr.タモキンの輪』という美人トランスジェンダーが次々と登場するコーナーが人気を博し、1990年代は空前のニューハーフブームとなります。テレビ番組などにも、ショーパブで働くニューハーフが大勢登場する番組などが頻繁に放映され、それまで日本で知られているトランスジェンダーと言えばカルーセル麻紀さんくらいだったのが、実は大勢いることが全国的に知れ渡ったのです。

当時、SMクラブや性感マッサージなど、男性がアナルを攻められる風俗が次々と出現する中で登場したニューハーフヘルスは、トランスジェンダーならではの売りを全面に出すようになります。アナルの快感を覚えた男性の中で、女性自身の体を使ってアナルを攻めてもらいたいという矛盾した願望を持つ人が増え、そこにペニスを持った女性としてニューハーフが現れたわけです。こうして現代日本におけるトランスジェンダーのセックスワークのベースが確立しました。

ニューハーフブームと男性の欲望がマッチしたことで、店舗数も増えセックスワークで働くトランスジェンダーも増えていったのです。私も男性から女性へとトランスを開始して数年、紆余曲折あり職業的に行き詰まった時に頼ったのが、五反田にあったニューハーフヘルスでした。

ニューハーフヘルスは女性の非ホンバン系とほぼ同じサービスなのですが、ペニスがある子が多く在籍することが最大の特徴で、女性には出来ない「逆アナル」というサービスに人気が集まります。これは何かと言うと、ニューハーフヘルスでは、女性の働くヘルスではオプション扱いが多いアナルセックスが基本のサービスになっています。それに加えてお客さんが望めば、ニューハーフがお客さんのアナルに挿入する、立場逆転のサービス＝「逆アナル」も別に頼めるというわけです。

　ペニスがあると言っても、ホルモンを利用していたり、玉を抜いている子もいたりするので、全ての子が勃起挿入が可能というわけではありません。2000年代に入り男の娘ブームが起きると、より勃起力が強くホルモンなども一切使っていない、女装をした男性に人気が集まるという不思議な現象も起きています。

▼性同一性障害のインパクト

　日本では1990年代末から性同一性障害の治療が始まり、それまで何となく不思議な存在のニューハーフとして認知されていたトランスジェンダーが、性的障害者として扱われるように変化していきます。性同一性障害という疾患の認知度が高まるにつれ、それまでトランスを諦めていた人たちが次々と医師の元を訪れるようになっていきます。ニューハーフというよく分からない変態より、疾患としての性同一性障害のイメージが、それまでカムアウトすらできなかった人たちにとって便利な言い訳になったわけです。

　2004年には性同一性障害特例法という法律が施行され、一定の条件下で戸籍上の性別変更も可能になり、望みの性として生きられる枠の基礎だけは社会的には作られたのです。しかし、法律が作られたからといって、日本中全ての人がその日を境にトランスジェンダーをなんら差別なく扱うようになるかというと、それは無理な話です。

　トランスジェンダーは誰でもトランスして望みの性で生活が可能ということにはならず、一方で10代からトランスする子が増加するに伴い、身一つで稼ぐことが可能なセックスワークへ希望をつなぐ子も増えていきます。その結果、大きな都市にはどこにでもニューハーフヘルスがある状況にまで、トランスジェンダーの風俗は拡大することになったのです。

　また、セックスワークを選択するのはトランス女性だけでなく、トランス男性でセックスワークを選ぶ人たちもいます。以前はトランス男性のセックスワークと言うと、インターネットの掲示板を使った個人営業が主流でしたが、ゲイのウリ専に所属する人たちも現れ、さらに、トランス男性風俗の専門店も登場し、サービスについてもB面対応と呼ばれるトランス男性が女装して接客するコースが登場するなど、業務形態も幅広くなっているのです。

▼トランスジェンダーとセックスワークの関係

このように近代のトランスジェンダーの歴史は、まさにセックスワークの歴史であり、世界各国で形は違うものの、多くのトランスジェンダーがセックスワークを生業として、生活をしている実情があるのです。

トランスジェンダーの大手自助グループTGEUは、2008年から、インターネット上に流れるトランスジェンダー殺害のニュースのカウントを始めました。その地域の治安や銃所持の状況などにより、殺害数に大きく偏りはあるものの、世界各地でトランスジェンダーが何らかの暴力の被害に遭って命を落としています。その数は2016年までの統計で2343人。実にその64％がセックスワーカーであることが判っています。

トランスジェンダーだから差別を受けるというだけでなく、セックスワーカーが安全に仕事をできる環境が無いことも関係して、これだけの人数が命を落としているわけです。トランスジェンダーとしても、またセックスワーカーとしても人権が尊重され、差別的な扱いを受けない社会にならなければ、この数字の増加に歯止めがかかることは無いのです。幸い日本は個人が拳銃を持ち歩くことがほとんど無いので、目立った殺人事件などはほとんどありませんが、私自身10年間セックスワークをしていて、危険を感じたことはあります。

やはり日本においても、トランスジェンダーであっても、セックスワーカーであっても、他の性別、他の職業などと差別されることが無い環境が望まれるのです。

第2部

セックスワーカーの権利を守るには

第5章

性の健康と権利とは何か

権利主体としてのセックスワーカー

東優子

はじめに

21世紀は人権の世紀である、と言われます。１９９５年に始まる「人権教育のための国連10年」、２００５年からの「人権教育のための世界プログラム」を経て、さまざまな人権課題が論じられ、啓発活動が展開されるようになってきました。性が人権の文脈で活発に論じられるようになったのも、１９９０年代半ば以降のことです。

「性の権利は人権である」と声明する中で、ＩＷＨＣ（国際女性の健康連合）は、これが「平等と正義の前提条件である」と述べています。[1] その理由は、「性の権利がなければ、自己決定や自律に関する権利を認識することさえできず、人生を自身でコントロールすることができなくなる」からです。世界の少女・女性たちの多くが日常的な不平等や暴力にさらされ、移動、教育、就労、社会的・政治的参画、服装・表現の自由を奪われた状態にあるというのは、まさにそうした認識を困難なものにしており、ＬＧＢＴやセックスワーカーなど、非規範的であることを理由に暴力・スティグマ・差別にさらされている人たちも同じである、とＩＷＨＣは指摘しています。

ところが、〈誰〉の〈何〉が人権課題であるかについて、合意を形成することは容易ではありません。たとえば、近年、国連はこれまでにない関心をＬＧＢＴに注ぎ、世界人権宣言にちなんで名づけられたBORN FREE AND EQUAL（人は生まれながらにして自由にして平等）キャンペーンを展開しています。[2] ＬＧＢＴの権利を人権課題として論じることは、長年、「国連のタブー」と言われてきましたから、これは歴史的な方向転換と言えます。しかし、しばしば強調されるのは「性的指向」が「生まれつき」であるということであって、「志向」や「嗜好」であっても、それを理由とした差別は許されないということはほとんど語られていません。性の権利を推進する人々の間にも意見の対立はあります。その激しさは「セックス戦争（War on Sex）」[3]と表現され、セックスワークやポルノグラフィはその代表的な争点です。

この章の目的は、性の権利が〈あらゆる人々〉に保障された人権であることを（再）確認することにあります。エイズパンデミック（大流行）を経て、健康推進やパブリックヘルスにおいても人権の位置づけが重視されるようになりました。ＵＮＡＩＤＳ（国連合同エイズ計画）の「２０３０年のエイズ流行終結に向けた10の約束」[4]には、「ジェンダーの不平等をなくし、女性・女児、ＨＩＶ陽性者およびキーポピュレーション（ゲイ男性など男性とセックスをする男性、トランスジェンダーの人びと、セックスワーカーとその客、注射薬物使用者、受刑者）に対する、あらゆるかたちの暴力と差別に終止符を打つ」こと、「ＨＩＶ陽性者、ＨＩＶ感染のリスクにさらされている人、ＨＩＶに影響を受けている人が人権を侵害されることのないよう、自らの権利について知り、そのための社会的、法的なサービスを利用できるようにする」ことなどが掲げられています。それではまず、性の権利概念の登場と展開から見ていくことにしましょう。

女性の権利と性の権利論

性の権利論が急に増えたきっかけは、「性と生殖に関する健康と権利」が公式に提唱された、１９９４年のＩＣＰＤ（国際人口・開発会議）カイロ会議です。この会議では、持続可能な社会づくりに女性のエンパワメントが不可欠であること、そのためには性と生殖に関する健康と権利を基盤とすべきことなどが合意されました。成果文書である「行動計画」では、⑴安全で満ち足りた性生活（性感染症・ＨＩＶ感染の予防やカウンセリングを含む）、⑵生殖能力（強制的・非自発的な不妊化の否定を含む）、⑶家族計画（安全な妊娠・出産・受胎調節を含む）について、「すべてのカップルと個人」に自己決定する権利があることなどが明記されました。

この前後の展開について、社会学者ロッティスは、〈人権〉→〈女性の権利〉→〈生殖に関する権利〉→〈女性の性の権利〉→〈すべての人々の性の権利〉というふうに流れを整理しています。[5]

女性差別撤廃条約（1979年）、女性に対する暴力撤廃に関する国連宣言（1993年）、ジェンダーの平等と女性のエンパワメントのための国連機関の創設（2010年）など、女性の権利に関する活動は、国連のさまざまな取り組みの中でもとくに大きな成果をみたと言えます。カイロ会議も、女性の権利運動にとっての「歴史的勝利」と高く評価されています。

生殖に関する権利から、あらゆる人の性の権利へ

(1) カイロ会議はなぜ画期的だったのか

女性が自己決定に基づいて合法的に安全な中絶が受けられるかどうかは、その国の政治・政策がかかわる重要かつ今日的問題であり続けています。欧米を含めた多くの国でこれが禁止されていた時代はとくに、さまざまな悲劇が繰り返されていました。不安全な中絶で女性が命を落とし、個人が逮捕・投獄された1950年代、「怒りをもって立ち上がれ」という人々の運動が起こりました。そうした運動が、IPPF（国際家族計画連盟）の創設につながっています。

国連の国際会議で生殖に関する権利が初めて提唱されたのは、1968年の国際人権会議（第1回）でのことです。ここでは、「カップルには、子どもの数と出産間隔を自由にかつ責任をもって決定する基本的人権がある」ことが合意されました。「カップル」という語は、世界人口会議（1974年）以降、「すべてのカップルと個人」に置き換わります。これは、たかが文言ひとつ、では

ない重大な変化です。特定の宗教において「子を授かる（預かる）」ということは、「神の計画」に基づいていると捉えられています。したがって、生殖に結びつかない性的行為（避妊・中絶・同性間性交渉・マスタベーションなど）が禁止され、セックスは結婚した男女間に限られているのです。

宗教的な理由づけとは関係なく、「愛・性・生殖の三位一体」ともいうべき規範も存在します。「ロマンティック・ラブ・イデオロギー」と呼ばれるものです。ライフスタイルや家族のありようが多様化した現在では、こうした規範の影響がかなり薄らいでいると言われています。しかし、現在でも中絶を全面的に禁止している国が残っており、母体の健康状態や性犯罪による望まない妊娠以外の理由が認められない国もあります。中絶が合憲化されている国が、禁止や規制強化に転じる可能性も十分にあります。中絶をめぐる女性の自己決定権は、古くて新しい問題なのです。

ところで、すべてのカップルと個人（とくに女性）の性の自己決定が議論されたことが画期的だったからこそ、カイロ会議の「行動計画」の採択をめぐる議論はかなり紛糾し、１８０近くの参加国のうち約20カ国の代表団が、「行動計画」の一部について保留を表明したそうです。[6] 合意形成に向けたさまざまな政治的駆け引きの過程では、画期的な内容が明記された第7章のタイトルが変更されるということも起きました。この章では「性と生殖に関する健康と権利」について書かれていますが、表題は「生殖に関する健康と権利（リプロダクティブヘルス&ライツ）」であって、草案にはあった「性」の文字が削除されました。表題だけではありません。定義においても、「性の健康は生殖の健康に含まれる」とされ、性は生殖の影に隠されたのです。性をめぐる価値観の対立が激しいからこそ、今日、性の権利が活発に論じられているのだとも言えます。

(2) エイズパンデミックによってもたらされた社会的変化

性道徳や性規範に劇的な意識変化がもたらされた1960〜1970年代は、「性（の）革命」の時代と呼ばれています。この時代に、性の解放運動、ウィメンズリブに始まる女性の権利運動、ゲイリブに始まる同性愛者の権利運動などが相次いで台頭しました。しかし、1980年代に起こったエイズパンデミックによって、開放的なムードは一変します。セックスによって感染する「死の病」という恐怖は、性を愉しむものから汚いもの、怖いものに変えました。米国では、Say No to Sex（セックスに対してNOと言おう）キャンペーンが展開されるようになります。

一方で、未曽有のパンデミックは、社会に肯定的な変化ももたらしました。多様な性や性行動が明らかになり、これに関する知識や態度は大きく変わりました。エイズはHIVが引き起こす病（症候群）でも、エイズ問題はスティグマ・差別・偏見が引き起こす社会病理である、との認識から、パブリックヘルス（公衆衛生）と人権が結びつきました[7]。

世界中で起こった少女・女性の典型的な感染パターンが、最も安全であるはずの夫や（たった一人の）ボーイフレンドとのセックスによるものであることが明らかになり、エイズ対策においてもジェンダーの視点が重要とされるようになりました。

さらには、最も深刻な影響を受けたゲイ・コミュニティでは、「沈黙は死である」（声を挙げなければ死んでしまう）というスローガンを掲げた、エイズ・アクティヴィズムが生まれました。コミュニティの連帯を意味するＬＧＢＴという言葉（の前身であるＧＬＢなど）も、この頃から使用されています。

(3)性の多様性と「愛・性・生殖の三位一体」

こうした変化を経て、「多様性の尊重」は、今日の性の権利論におけるキーワードと呼べるものになりました。ところで、１９９０年代初期、私が留学していた米国の大学院で受けたソーシャルワークの授業で「セックスエリート11箇条」というブラックユーモアが紹介されました[8]。11箇条――異性愛者である、知的・身体的障害がない、病気がない、精神的にも健康である、若すぎない、年寄りすぎない、経済力がある、教育水準が高い、結婚している、「愛」ある相手としかセックスをしない、容姿端麗である――を聞いて、「こんな人、いるわけない」と笑ってばかりもいられません。条件に当てはまらない人々（同性愛者、障害のある人々、ＨＩＶ陽性者、若者、高齢者、未婚者・非婚者など）が性的存在であることを社会は歓迎せず、現実に排除や規制・禁止の対象にもしてきたのですから。

彼らに共通するのは、社会にとって「次世代を担う子を生み育てるのに理想的な男女」ではないということです。つまり「セックスエリート11箇条」というのは、「愛・性・生殖の三位一体」と、社会に内包された優生思想をあぶり出す装置だったわけです。またこれとは別に、「性的ヒエラルキー」という重要な概念装置も提唱されていますので、後で改めてご紹介します。

性の健康と権利

(1)WHOによる性の健康の定義

「性(の)革命」の時代、性教育・性科学に関する団体が世界中で誕生しました。WAS(世界性科学学会＝当時)もその一つです。これを背景に、性の権利概念の初出と言われる「性の権利と責任に関する新たな宣言」が、はやくも1970年代半ばに発表されています。[9] それとほぼ同時に、WHO(世界保健機関)に招集されたWASの主要メンバーらが、テクニカルレポート『人間の性に関する教育と治療』を発表しました。[10] その中で、健康概念の定義が初めて登場しています。次に紹介する性の健康の定義は、約30年ぶりに改訂されたものです。[11] WHO・PAHO(WHOアメリカ地域事務局)・WASの三者合同で策定されました。

性の健康とは、セクシュアリティに関して、身体的、情緒的、精神的、社会的にウェルビーイングな状態にあることであり、単に疾病や機能不全又は虚弱がないというばかりではない。性の健康には、性(セクシュアリティ)や性的関係を肯定・尊重するアプローチと同時に、強要・差別・暴力を被ることなく、楽しく安全な性的体験をする可能性が求められる。性の健康に到達し維持するためには、すべての人々の性の権利を尊重し、保護し、遂行しなければならない。

特筆すべきポイントは、⑴冒頭部分は、WHO憲章前文にある健康概念の定義とほぼ同じでありながら、「完全に」という文言を削除していること（WHO憲章の定義は「身体的、精神的および社会的に完全にウェルビーイングな状態にあることであり、単に疾病や障害がないということではない」）、⑵最後で、性の権利に言及していることです。WHOの公式ウェブサイトには、性の健康の定義とセットで性の権利に関する10項目も掲載されています。[12]「この定義は、WHOの公式見解ではなく、議論に貢献するための作業的定義である」との注意書きがあるのですが、それは大きな問題ではありません。重要なのは、WHOが性の権利を「見える化」していることです。

⑵性の権利宣言

性の権利に関する原則やテーゼのリストは、WHOのほかに「IPPF宣言　性の権利」[13]（10項目）など、複数あります。[14] **表1**は、私自身も策定にかかわったWASの「性の権利宣言」[15]（2014年改訂版）です。

初版は、まだWASが「世界性科学学会」だった1997年の学術集会で発表されました。WASは現在、「性の健康世界学会」に名称変更しています。WHOとの共通点は、「望みうる最高水準の性の健康を実現するために不可欠なもの」という、性の権利と性の健康との関連づけにあります。

注目していただきたいのは、項目数の多さです。初版（11項目）や他のリストと比べて数が多い理由は、社会権に係る項目が追加された点にあります。自由と平等、自己決定と選択、あるいは多様性といった要素は、性の権利論の基本であり、典型とも言えます。しかし、そうした権利を行使することができない人々や集団がいます。たとえば、同性愛を犯罪化している国は世界に70カ国以上あります。2013年にロシアで「同性愛プロパガンダ（宣伝）禁止法」が成立し、アフリカのいくつかの国でも同性愛者への弾圧が強化されるといった、新しい動きもみられます。さらに、世界的な新自由主義の潮流に

表1　性の権利宣言（2014年改訂版）

1	平等と差別されない権利
2	生命、自由、および身体の安全を守る権利
3	自律性と身体保全に関する権利
4	拷問、及び残酷な、非人道的な又は品位を傷つける取り扱い又は刑罰から自由でいる権利
5	あらゆる暴力や強制・強要から自由でいる権利
6	プライバシーの権利
7	楽しめて満足できかつ安全な性的経験をする可能性のある、性の健康を含む、望みうる最高の性の健康を享受する権利
8	科学の進歩と応用の恩恵を享受する権利
9	情報への権利
10	教育への権利、包括的性教育への権利
11	平等かつ十分かつ自由な同意に基づいた婚姻関係又は他の類する形態を始め、築き、解消する権利
12	子どもを持つか持たないか、子どもの人数や出産間隔を決定し、それを実現するための情報と手段を有する権利
13	思想、意見、表現の自由に関する権利
14	結社と平和的な集会の自由に関する権利
15	公的・政治的生活に参画する権利
16	正義、善後策および救済を求める権利

おいては、個人の生きづらさとその解消が「自助努力」や「自己決定／自己責任」に帰される傾向が強まっています。

人権論の今日的潮流を踏まえた上で、全16項目が「国際社会および各国・地域において策定された人権に関する文書、憲法や法律、人権保障に関する基準や原則、人間の性や性の健康に関する科学的知見においてすでに認知された普遍的人権」であることを確認し、「望みうる最高の性の健康を実現するために不可欠なものである」と宣言されているのです。

(3) 性と健康をセットで語ることへの批判

しかし、性（セクシュアリティ）と健康をセットで論じることへの批判もあります。[16] 性と健康を結びつける「危うさ」は、非規範的・非同調的なジェンダーやセクシュアリティが病理化され、排除され、あるいは犯罪化されてきた歴史が雄弁に物語っています。あるいは、マスターベーションやセックスの回数が多すぎるとか、逆にまったく興味がないことを不健全だとする言説にも、健康という名の規範や、これに基づく社会・文化的評価が影響していると言うべきでしょう。

フロイトの精神分析は、性欲が自然なものであり、人間のアイデンティティにとって中核的なものであると説き、性科学も、「セクシュアリティとは、人間ひとりひとりの人格に不可欠な要素である」[17] としてきたのですから、なおさらです。こうした従来の言説には、非規範的・非同調的な行動と人格とを不用意に結びつける「危うさ」があります。個人や特定の集団を攻撃しようとする人々の目にも有効な言説と映ることでしょう。実際、不特定多数とのセックスやセックスワーク、婚外性交渉における性感染症や望まない妊娠、あるいは性暴力といった被害については、しばしば人格攻撃を伴った「犠牲者非難」[18]が起こっています。

そもそも、セックスには危険が伴うものだという「不都合な事実」もあります。「安全なセックス」が存在しないからこそ、「セーファーセックス」という言葉が使用されているのです。

このように、性と健康を結びつける「危うさ」を丁寧に論じていく必要性を認識し、WHOの定義する健康概念そのものが早くから批判されてきたこと[19]も踏まえた上で、健康が「ウェルビーイングな状態にあること」と定義されている点が重要だと考えます。ウェルビーイングな状態という、実に曖昧な概念を測定・診断する客観的パラメーターは存在しえません。そこで、芦野由利子（元日本家族計画協会参与）は、健康を「疾病や障害のあるなしにかかわらず、その人がその人なりによりよい状態にあること」[20]と再定義しています。そうであるからこそ、健康概念における人権（性の権利）の位置づけが重要だと言えるのです。

エイズパンデミックの教訓

健康課題や貧困、国際協力などさまざまな課題に取り組むにあたり、その目的や方法に人権保障に係る原則を適用することを「人権基盤型アプローチ」（Human Rights - Based Approach）と言います。その重要性と不可欠さを、いくつかのキーワードと共に、エイズパンデミックの歴史的教訓から解説します。

(1)エンパワメントとは何か

「エイズは女性の顔をもっている」(AIDS has a woman's face)とまで言われたアフリカを中心に、エイズ予防として「ABC」が奨励されてきました。ABCというのは、Abstinence(禁欲)・Be faithful(貞節)・Condom(コンドーム)のことです。「自分の身は自分で守る」ための道具と知識を与えることが、エンパワメントにつながると考えられてきたからです。しかし、エイズ四半世紀を経て、個人(とくに少女・女性)に自助努力を求めることの問題点が明らかになってきました。彼女らが直面しているリスクは、不平等な性役割関係、資源・資産・所得獲得の機会・社会的権威へのアクセスの不均衡を背景とし、性的自己決定や自律がそもそも保障されていないことにあります。エンパワメントという名のもとで、自助努力・自己責任だけが強調されたのでは、自分たちにどういった権利があるのかを認識することさえも難しくなります。

エンパワメントというのは、当事者やコミュニティのケイパビリティ(潜在的能力)の向上のことであり、そのために重要なのはこれを阻害している要因を取り除いていくことです。極端なことを言えば、個人を取り巻く社会的環境が変われば、本人がまったく変わらなかったとしても、その直面している問題の質も量も大きく変わり、問題は劇的に解消されうるのです。セックスワークという労働環境についても、同じことが言えます。

(2)「100%コンドーム使用政策」の教訓

日本国内では、保健所などの公的機関が、セックスワークの現場でコンドーム使用の指導を行うことはありません。法律によって禁止されている行為がなされることを前提には動けないからです。しかし、同じくセックスワークを犯罪化しているアジアのいくつかの国では、「100%コンドーム使用政策」が実施されてきました。[21] セックスワーカーや顧客を逮捕せず、セックスワークの現場で、政府主導でコンドーム使用を徹底させるというのは、「ハームリダクション（危害軽減）アプローチ」のひとつです。

ハームリダクションというのは、元は薬物依存に対する公衆衛生政策として始められたもので、「注射針交換プログラム」を代表例として、薬物使用をやめさせることを目的とせず、社会的危害（薬物に関連する犯罪やエイズ流行の拡大）と薬物使用者への危害（エイズなどの感染症、過剰摂取、中毒症及び依存症、失業など）を軽減することを目的とするものです。しかし、「100%コンドーム使用政策」について言えば、セックスワーカー・コミュニティはこれを厳しく批判しています。政府主導の政策では、セックスワーカーにコンドーム使用が義務づけられ、名前や住所の登録、性感染症の強制検査が科せられます。この政策に協力しない個人や施設は（従来の法律で規定されているとおり）逮捕・閉鎖の対象になります。「警察や軍による捜査やスーパーヴィジョン（管理監督）はエンパワリングではない」[22]のです。

(3)当事者中心の視点と非犯罪化

この章の「はじめに」に登場する「キーポピュレーション」は、かつて「ハイリスク集団」と呼ばれてきました。しかし、1994年のエイズ・サミットで「GIPA原則」が採択されて以来、国家・地域・世界レベルのエイズ施策のあらゆる段階と側面にHIV陽性者やキーポピュレーションの参画を保障することは、「世界のエイズ対策を今日まで主導してきた歴史的な約束」[23]です。Nothing about us, without us（私たち抜きに私たちのことを語るな）というのは、当事者不在のまま政策やプログラムを進めようとする社会を告発するスローガンですが、有効な政策・プログラムを持続可能なものにするためにも当事者中心の視点が重要だというのは、もはや自明と言えます。

ところが、セックスワーカーを含めたキーポピュレーションは、多くの国で、その一部または全部が犯罪化された存在です。個人が逮捕・投獄されたり、仕事を奪われたりする可能性がある中で、政府関係者や、場合によっては警察関係者も同席する会議に参画することを要請されるという状況は、かなりいびつです。自分たちが最も影響を受ける政策やプログラムが議論される場において、自由かつ十分に議論を戦わせることさえ難しくなります。そこでたびたび「非犯罪化」（第6章144頁参照）の重要性が議論されるようになりました。非犯罪化がエイズの終焉にとって急務であるというのは、「世界5大医学雑誌」との異名をとる*Lancet*の、科学的エビデンスに基づいた結論でもあります。[24]

「セックスワーカーの権利は人権である」

ＧＩＰＡ原則は世界各地でセックスワーカーやＭＳＭコミュニティのエンパワメントと組織化をもたらしました。日本では、１９９９年の「エイズ予防指針」策定時に、キーポピュレーションとほぼ重なる集団を「個別施策層」（感染の可能性が疫学的に懸念されながらも、感染に関する正しい知識の入手が困難であったり、偏見や差別が存在している社会的背景等から、適切な保健医療サービスを受けていないと考えられるために施策の実施において特別な配慮を必要とする人々）と位置づけました。同指針で「人権及び個人情報の保護に配慮した上で、一定の方針の下に、追加的な調査研究（中略）を、当事者の理解と協力を得て行うことが必要である」と明記されたことが、エイズ対策事業研究班の協力団体となったＳＷＡＳＨの発足にもつながっています（第０章25頁参照）。

ところで、どういった課題に取り組むにしても、人権という文脈においては当事者の主体的名づけ（自称）を尊重するというのは基本の「き」とも言えるものです。「セックスワーカー」は、ＷＨＯやＵＮＡＩＤＳに限らず、ＩＬＯ（国際労働機関）やアムネスティ・インターナショナルといった国際諸機関・団体も採用している呼称です。しかし、人権の文脈でも、立場によってはこの用語を使用しないということがあります。セックスワーク「廃止論」という言葉に象徴されるように、どのような状況・状態にあるかにかかわらず、「性」を売買の対象にする行為がすべて性的搾取・暴力・人権蹂躙であると考える立場からすれば、性を売る人はすべて「売らされている」ことになり、搾取・暴力・蹂躙の被害者です。そこには、セックスワークという（労働・仕事）は存在せず、セックスワーカーという権利主体も存在しえないからです。当事者のニーズが多様であり、セックスワークの現場が多様であるということを踏まえた上で、〈誰〉の〈何〉が人権課題であるのかを論じる必要があります。

最後に、セックスワーカーの権利として、当事者の国際ネットワークNSWPが挙げている項目[25]をご紹介しておきます。⑴つながり、組織化する権利、⑵法によって保護される権利、⑶暴力を受けない権利、⑷差別されない権利、⑸プライバシーの権利と恣意的な干渉を受けない権利、⑹健康への権利、⑺移動し、移住労働する権利と職業選択の権利、という7項目です。いずれも基本的人権であって、特別な権利ではないことに注目していただきたいと思います。

おわりに

「多様性の尊重」という言葉が飛び交い、すべての人の性の権利が謳われるようになったとはいえ、課題はまだ残っています。ミラーとヴァンスは、性の健康を推進する運動や権利擁護活動にかかわる人々は、当事者を含め、「性的ヒエラルキー（階層・身分制度）」とこれを生み出す規範の存在を明確に認識する必要がある、と呼びかけています。[26] 性的ヒエラルキーというのは、特定の集団や性的行為が否定や排除あるいは攻撃の対象になる構造を理論的に説明する概念装置として、ルービンという文化人類学者が提唱したものです。[27] 人間の性行動、関係性のありよう・性的表現は、社会的・文化的に評価され、その「正当性」の程度によってランクづけされている、というわけです。評価基準として重視されるのは、出産・親密さ・同意・異性愛規範・個人的充足感・宗教的義務です（前出の「セックスエリート11箇条」も参照のこと）。

彼女らは、権利擁護活動がしばしば、対象・当事者集団（ヒエラルキーの底辺層）を一つでも二つでも「昇格・昇進」させることになってしまっているが、問題の本質は「ヒエラルキー」や規範の存在そのものにあり、そのことを明確に意識していない言説や政策が、特定の集団を不用意に貶め、排除することにつながっている、と指摘しているのです。

性（セクシュアリティ）の磁場は非常に強力で、自身の経験や感覚、思いにひきずられるということがよくあります。性に係る言説は、それが「科学的」とされるものであっても、個人の感情を伴わないものはないといっても過言ではありません。「何がどうであるか」、「何がどうであるかもしれないか」、「何がどうあるべきか」の区別も曖昧なまま、個人の感情や社会の都合で「事実」が歪められることもあります（これは、私がよく引用する恩師の教えです）。私自身、改めてこれを戒めとしつつ、この章を終わります。

[1] International Women's Health Coalition, *Sexual Rights are Human Rights*, 2015 https://iwhc.org/articles/sexual-rights-human-rights/（２０１８年８月24日閲覧、以下のＵＲＬも全て同様）

[2] UN Office of the High Commissioner for Human Rights（OHCHR）, *Born Free and Equal: Sexual Orientation and Gender identity in International Human Rights Law*, 2012 http://www.refworld.org/docid/5065a43f2.html

[3] 性をめぐる激しい論争を「戦争」にたとえる例には、１９７０年代後半の「フェミニスト・セックス戦争」や、〈禁欲教育 vs. 包括的性教育〉をめぐる「教育界の市民戦争」などの例があります。

[4] UNAIDS, *Fast Track Commitments to End AIDS by 2030*, 2018（公益財団法人エイズ予防財団訳『高速対応 ２０３０年のエイズ流行終結に向けた10の約束』、２０１８年）

[5] Ilsa L. Lottes, "Sexual Rights: Meanings, Controversies, and Sexual Health Promotion", *Journal of Sex Research*, 50（3-4）, 2013, pp.367-391

[6] 藤掛洋子「人口問題に関する国際会議の論点の評価・分析：リプロダクティブ・ヘルス／ライツの議論を中心に」、平成12年度国際協力事業団客員研究員報告書、国際協力事業団・国際協力総合研究所、２００１年

[7] Jonnathan M. Mann, "Medicine and Public Health, Ethics and Human Rights", *Hasting Center Report*, 27（3）, 1997, pp.6-13

[8] 東優子「アメリカのセクシュアリティ――性的抑圧とは何か」、現代性教育研究月報２月号、１９９６年、６-９頁

[9] Lester A. Kirkendall, "A new bill of sexual rights and responsibilities", *The Humanist*, 36（1）, 1976 http://aldeilis.net/english/a-new-bill-of-sexual-rights-and-responsibilities/

[10] World Health Organization, "Education and treatment in human sexuality. The training of health professionals", *Report of a WHO Meeting*（*WHO Technical Report Series, No.572*）, Geneva, World Health Organization, 1975

[11] World Health Organization, *Defining Sexual Health*, 2006 http://www.who.int/reproductivehealth/topics/sexual_health/sh_definitions/en/

[12] ＷＨＯが性の権利として挙げているのは、⑴性と生殖に関する健康のケア・サービスへのアクセスを含め、最高水準の性の健康に到達すること、⑵セクシュアリティに関連した情報を求め、受け取り伝えること、⑶性（セクシュアリティ）教育、⑷身体保全の尊重、⑸パートナーの選択、⑹性的活動に関する自己決定、⑺合意による性的関係、⑻合意による結婚、⑼家族計画に関する自己決定、⑽満足でき、安全で楽しめる性生活、の10項目です。

[13] International Planned Parenthood Federation, *Sexual Rights: an IPPF Declaration* https://www.ippf.org/sites/default/

files/ippf_sexual_rights_declaration_abridged.pdf
[14] 邦訳されたいくつかの「性の権利」リストについては、池谷壽夫「セクシュアル・ライツの系譜と課題」、教育学研究室紀要――〈教育とジェンダー〉研究――（女子栄養大学栄養学部）、第12号、42-69頁を参照のこと。
[15] World Association for Sexual Health, *Declaration of Sexual Rights*, 2014 http: //www. worldsexology. org/wp-content/uploads/2014/10/DSR-Japanese.pdf
[16] Alice M. Miller, “Sexual but Reproductive: Exploring the Junction and Disjunction of Sexual and Reproductive Rights”, *Health and Human Rights*, 4(2), 2000, pp.68-109
[17] World Association for Sexology, *Declaration of Sexual Rights*, WAS, 1999
[18] 犠牲者非難（victim blaming）とは、ＨＩＶ感染や望まない妊娠、性暴力など、自分の身にふりかかった被害を引き受けなければならない人々に対して、自業自得だと非難すること。
[19] 根村直美「ＷＨＯの〈健康〉概念に関する哲学的検討――その「危うさ」の考察――」、原ひろ子・根村直美編著『健康とジェンダー』明石書店、２０００年、13-34頁
[20] 芦野由利子「リプロダクティブ・ヘルス／ライツ概論」、北村邦夫編『リプロダクティブ・ヘルス／ライツ――性と生殖に関する健康と権利』、メディカ出版、１９９８年、10-22頁
[21] World Health Organizaion, *Experiences of 100% Condom Use Programme in Selected Countries of Asia*, 2004
[22] Global Network of Sex Work Project, *The 100% Condom Use Policy: a Sex Worker’s Rights Perspective*, 2003
[23] 宮田一雄（エイズ予防財団理事）の言葉。彼が翻訳したピーター・ピオット著『ノー・タイム・トゥ・ルーズ――エボラとエイズと国際政治』（慶応義塾大学出版会、２０１５年）なども参照のこと。
[24] *Lancet* がセックスワークの非犯罪化を呼びかけている「ＨＩＶとセックスワーク特集」を参照のこと。 https://www.thelancet.com/series/HIV-and-sex-workers
[25] Global Network of Sex Work Project, *NSWP Consensus Statement on Sex Work, Human Rights, and the Law*, Edinburgh, NSWP, 2013
[26] Alice M. Miller and Carole S. Vance, “Sexuality, Human Rights, and Health”, *Health and Human Rights Journal*, 7(2), 2004, pp.5-15
[27] Gayle Rubin, “Thinking Sex: Notes for a Radical Theory of the Politics of Sexuality”, C.S. Vance ed., *Pleasure and Danger: Exploring Female Sexuality*, Routledge, 1984, pp.267-319

第6章

セックスワーカーへの暴力をどう防ぐか

各国の法体系と当事者中心のアプローチ

青山薫

はじめに

セックスワークについてはさまざまな意見があります。あえて両極端を並べれば、性的行為を商業的取引の対象にすること自体が人権侵害なのだから廃止すべき、とする意見がある一方、性的行為も人のためになるサービスとして提供される場合があり、その場合、提供者が支払いを受ける正当な仕事として認めるべき、とする意見があります。両者の間には、さまざまなバリエーションがあります。「廃止論」は、「セックスワーク」を「ワーク（仕事・労働）」と認めないので、この言葉は使いません（したがって、この章が、本書全体と同じく廃止論の立場を採っていないことはすでに明らかです）。これらの意見の対立は、現代の日本に限ったものではなく、世界各地で160年ほど前から繰り返され、その場その時の社会規範の影響を受けながら法制度に反映されてきました。

この章では、このような意見の対立の歴史を背景に、まず、各国の法体系を概観し、次に、世界のセックスワーカーの権利運動と人身取引対策批判、権利運動のインパクトを受けて変化してきた国際機関や人権団体等の指針について解説します。そして最後に、現在日本で進んでいる「廃止論」の色が濃い売防法改正の要求について紹介します。全体を通じた大きなポイントは、性的行為の取引を仕事と捉えるにせよ捉えないにせよ、これに携わる当事者に対して現場で起こりうる直接的暴力を防ぎ、社会による間接的暴力ともいえるスティグマを無くしていくべきだ、という点です。最終的に暴力防止を実践できる施策を求めることが、この章の目的なのです。

セックスワークをめぐる各国の法体系

(1) 法の影響

セックスワーカーが受ける法の影響には、直接的なものと間接的なものがあります。直接的な影響には、たとえば日本の売防法のように、ある種のセックスワークを違法とする法によって犯罪者とされ、逮捕、起訴、刑罰などを受けることが入ります。反対に、やはり日本の売防法に明らかなように、ある種のセックスワークに携わる人を社会的弱者と捉える法によって、被害者として保護されることも入ります。後述する通り、人身取引対策法や規則によって、世界各地で同様の被害者化と保護が起こっていることにも注目しておくべきでしょう。また、法によって性感染症検査、個人情報の登録などを強制されることも入ります。

もう一つの間接的な影響とは、セックスワークの中でどのような業種やサービスや働き方が合法か／違法かが定められることによって、労働条件だけでなく、働く場所や時間、住む所や生活を共にする相手など、私生活を含む広い範囲への影響を受けることです。たとえば、イングランドでは、個人売春は犯罪ではないけれども、組織的な売春や場所の提供、大人が他の人の売春で得た収入で生活することが違法です。そのため、売春をするセックスワーカーが仲間と一緒に店舗を運営したり、夫や妻・パートナー、成人した子を経済的に支えたりすることが難しくなっています。

そして、間接的な影響のより見えにくい側面にスティグマの問題があります。「スティグマ」とは、社会がある特定の職業、身分、特性をもった人に押す「負の烙印」です。「見えにくい」と言っても、性風俗産業内部で働いている人にとっては非常に大きな、根本的な問題です。セックスワークに限らず、法によって取り締まりの対象とされることはスティグマを負わされる大きなきっかけになります。しかし、セックスワークの場合は、これを取り締まる法が、たとえば「愛がなければセックスをすべきでない」などの性的規範からの逸脱を取り締まる目的をもっている場合が多く、そんな社会でこの法に「犯罪者（予備軍）」と認定されることは、性的逸脱者と認定されることをも意味してしまいます。他の行為とは違った二重のスティグマがあるのです。また、この法に「被害者」と認定されることも性的逸脱の認定であることに変わりなく、スティグマを軽減することにはなりません。

結局セックスワークを取り締まる法は、セックスワーカーを「犯罪者（予備軍）」か「被害者」のどちらかに二分し、「どちらでもない」人を見えなくしています。そもそもセックスワークが取り締まりの対象である社会では、これを日々の糧を稼ぐための「ふつうの仕事」とは見なしていない、セックスワーカーは「ふつうの労働者」としての扱いを受けられない、と言い換えてもいいでしょう。それがセックスワーカーにとっての法の影響です。

(2) 売買春に関する各国の法体系[1]

それでは、世界各国がおおよそどのような法体系をもってセックスワークを取り締まっているかを見ていきましょう。と言っても、「セックスワーク」は多種多様な仕事を含みますから、混乱を避けるためと、世界各国で共通の取り締まり対象となっていることから、ここでは売買春に絞って考えます。また、私一人で全世界の法体系を調べることは到底できませんので、この解説には大きく頼った出典があります。この出典については、セックスワーカーの権利運動と学術研究の協働の成果だという意義も含めて後述します（152頁参照）。

そのうえで、売買春に関する法体系には、大きく分ければ3種類あります。「犯罪化」、「合法化」、「非犯罪化」です。セックスワーカーの権利運動の中では、「非犯罪化」が理想的なゴールとされています。

「犯罪化」とは、売買春を法をもって犯罪とすることですが、具体的に何が罪でどんな罰を科すかは、国・社会によって実にさまざまで複雑です。明文化されているものだけをあえて短くわかりやすくまとめれば、次のようになります。なお、ここで「違法」とは、刑事的な罰を伴う罪に当たることを指します。また、法体系やその具体化の過程の違いには、各国の性的・社会的規範や法制定に関わる歴史、制度、常識などなどが関係しているため、このように図式化することはそうとう乱暴だ、ということもお断りしておきます。

(a)　売春を組織することが違法
(b)　売ること（性的サービス・性交を金品と引き換えに提供すること）が違法
(c)　公共の場における売春の勧誘や、売春の場所の提供が違法
(d)　買うこと（性的サービス・性交を金品と引き換えに受けること）が違法
(e)　これらのすべてが違法

(a)に当たるのは、ブラジル・ポーランド・デンマーク・リビアなど。(b)は、モンゴル・ロシア・イラン・ビルマ・南アフリカなど。(c)が、アルゼンチン・日本・インド・イタリア・アルジェリア・エチオピア・UK・フィンランド・フィジーなど。(d)が、スウェーデン・カナダ・フランス。(e)は、ヴェトナム・中国・韓国・パキスタン・エジプト・イラク・ノルウェイなどです。とはい

え、UK・フィンランド・フィジーなどで、公共の場では買うことも違法という規定があり、日本で、罰則はないが売ることも買うことも禁止されているように、主要素の上に(a)から(d)までの要素がいくつか重なっている国・場合が多々あります。一方、買うことの違法性については問われない国が多数派です。

なお、右のリストでは、東西南北、宗教的な背景、政治体制、いわゆる経済発展度の違う国を意図的にピックアップしました。地理、宗教、政治、経済のいかんにかかわらず売買春が犯罪化されていることを示したかったからです。

他方、「合法化」とは、特定の法律を定めて売買春を取り締まり、その規制に合う範囲内のものであれば許可することです。代表的には、地域を限って営業を許可する「ゾーニング（特区制度）」と、免許を発行してその範囲内で基準を満たした人の営業を許可する「ライセンシング（許認可制度）」に分けられます。ゾーニングはスイス・ドイツなどで、ライセンシングはトルコ・オランダ・パキスタン・インドネシア・ペルーなどで行われています。ここでも、たとえば「飾り窓」で有名なオランダに見られるように、住宅地や風致地区でなく商業地域で営業すべきとする規制があるなど、ライセンシングにゾーニングが混じっていることがあり、二つの方法は重複する場合が多いようです。

日本は、前述の通り売春を犯罪化しているのでここに入りませんが、違法である「売春」の定義は非常に狭く、風営法が取り締まるその他の性的サービスについては、「ライセンシング」によって合法化されているといえるでしょう。日本で売防法によって禁止されている「売春」は、不特定多数を相手に性交を提供し金品を受けることです。しかも、罰が科されるのは公共の場における勧誘や場所の提供などに限られています。このような狭い意味での「売春」だけを犯罪化し、他の多様なサービスを合法化しているのはかなり特徴的で、日本の他にはアフリカに類似の制度が若干見られるだけのようです。

それでは、セックスワーカー権利運動の理想で、しかし現在完全に行っている国はない「非犯罪化」とは何でしょうか。それは、読んで字のごとく、「売買春は犯罪に非ず、とする」ということです。「合法化」とどう違うかが一見わかりにくいのですが、実は「非犯罪化」は「合法化」とはかけ離れています。「合法化」は、特定法を定めて売買春を取り締まり、この法を逸脱する行為を犯罪にするので、実は半分は「犯罪化」であると言っていい。対照的に、「非犯罪化」は、売買春に限って取り締まる特定の法を作らない、ということです。しかし、「合法化」と違うからといって非合法でいいというわけではない。そうではなく、他の産業や仕事と同じように、労働法・商法・民法などといった一般法の範囲内で営まれるようにするのが「非犯罪化」なのです。

「現在完全に行っている国はない」と書きましたが、おそらくは世界で一つだけ、もっとも「非犯罪化」に近い法制度をもつ国にニュージーランドがあります。ニュージーランドでは、２００３年に売買春に関する特定法が大きく改正され、広告の規制、移民の規制、地方自治体によるゾーニング、そして、性感染症の予防を行わないかぎり性的サービスの取引・売買春をしてはならないという規則を除いて、刑事的取り締まりがなくなったのです[2]。なお、オーストラリアの商業的首都シドニーがあるニューサウスウェールズ州でも、1995年に商業的売春と売春によって生活の糧を得ることを違法にしていた法律が廃止され、自治体の管理権限は残しながら「非犯罪化」に近い制度が実施されています[3]。

次節では、これまで述べてきた法の影響や法制度を念頭に、世界各地でどのようなセックスワーカーへの暴力防止アプローチが実践されているかを見ていきましょう。ここではとりわけ、セックスワーカー権利運動による当事者の立場に立った調査・研究・政策提言が、国際機関や人権団体の指針に影響を及ぼしていることに注目したいと思います。

セックスワーカーへの暴力防止アプローチ

(1)当事者中心の権利運動

現代の当事者中心のセックスワーカー権利運動は、1980年代の西ヨーロッパと東南アジアを皮切りに世界各地で組織化されるようになりました。背景には、男女間だけでなく女性の間にも格差をもたらす国内外の経済格差・社会格差に不正義を見出し、この権力構造を打開しようとする「ポスト植民地主義フェミニズム」、「第三世界フェミニズム」、「世界システム論フェミニズム」などの発展がありました——「フェミニズム」が必ずセックスワーク「廃止論」というわけではないのです。

このような権利運動の先頭に立ってきた団体の一つが、タイを拠点とするＥＭＰＯＷＥＲ《エンパワー》です。バンコックのパッポンという歓楽街、ビルマ・ラオス国境に近く移住労働者の通過点となるチェンマイ、世界中から観光客を集めるパタヤにそれぞれ立ち寄りセンターを設け、国際的な連帯運動を続けています。１９８５年の創設直後から一貫して、ＨＩＶ／ＡＩＤＳ予防、セーファーセックス、性の健康、セックスワーカーの権利について、漫画や音楽、街頭劇、ウェブ動画などのポップカルチャーを通して教育啓発活動を行ってきたＥＭＰＯＷＥＲは、「良い娘《コ》は天国に行く。悪い娘《コ》はどこにでも行く！」というスローガンでも知られています。仏教国タイで、性的規範に従う良いコは天国へ行けるけれど、規範に反した悪いコであるセックスワーカーは天国へは行けない。その代わり現世で、国境を越えてでも、どこへでも行くことができるんだ、という力強い宣言です。

こうした世界中の当事者運動をつなぎ推進してきたＮＧＯに、スコットランドを拠点とするＮＳＷＰ（グローバル・ネットワーク・オブ・セックスワーク・プロジェクト）があります。ＮＳＷＰのアジア太平洋地域部門であるＡＰＮＳＷ（アジア太平洋セックスワーカー・ネットワーク）は、ＥＭＰＯＷＥＲのように各地の実情に合わせた日常的な運動を行う団体が集まって作る会員制組織で、やはりバンコックを拠点としています。各地の具体的な運動の経験と知識が集積され、そこからさらに権利運動の戦略や戦術を練り、権利侵害に対しては抗議行動を組織し、調査研究を共同で、または自ら実施し、それらを公刊し、調査研究に基づいた政策提言を行っています。

図1　ミシン禁止のロゴ

図1を見てください。ＡＰＮＳＷがよくステッカーやキーホルダーにして配るロゴですが、ミシンの上に禁止マークを重ねたデザインは、セックスワーカーに、他の「まともな」仕事につく訓練をさせる矯正プログラムに反対する意思表示のマークでもあります。アジア各地には、今でも、政府や慈善事業団体主導の矯正プログラムがあり、それらは裁縫や料理を習わせるものに偏りがちです。「ミシン禁止」は、そんなプログラムに対して、「まともな」仕事に就けとは、セックスワーカーをステレオタイプな女性の仕事に押し込めることだ、そんな矯正はまっぴらだ、と反対する象徴なのです。裁縫や料理の技術を身に付けること自体は良いことに違いありません。しかし、とくにアジアでは、とりわけ女性にとって、これらの技術が、たとえばＦＯＲＥＶＥＲ21やＣＡＬＶＩＮ ＫＬＥＩＮやＮＩＫＥのようなグローバル資本が必要とする、低賃金、長時間、拘束の多い劣悪な労働条件の仕事にしかつながらないという歴史と現実がありま す。「ミシン禁止」は、それらに比べれば、セックスワークの方が金銭的にも時間的にも自律的で、ずっと「まとも」な働き方だ、という主張でもあるのです。

　もちろん、セックスワークは搾取から自由な薔薇色の仕事、というわけではありません。それでも、どんなに長時間働いても生きていくのが精いっぱいの工場労働・サービス労働から抜け出すため、あるいは、開発政策によって切り捨てられつつある一次産業地域の貧困と過疎から抜け出すためにセックスワークに就いた人びとからその仕事を取り上げ、元の生活に戻すのは本末転倒でしょう。そして、これは「第三世界」だけの問題ではありません。日本でも、同様の事情で、セックスワークが働く人びとの選択肢になっていることは想像に難くないでしょう。

(2) セックスワーカー権利運動から見た人身取引対策

他方、世界的格差が広がる中で、2000年代までには、移住労働としてのセックスワークがかなり一般的なものになり、性産業と人身取引との関係が注目されるようになりました。人身取引は搾取を目的として人を移送する総合的な暴力ですが、国際法上の正式な課題となったのは、国際組織犯罪防止条約を補完する「人身取引議定書」が発効した2003年です。議定書は、売春のために人を移送することも禁止すべき人身取引の一形態と定義しています。1990年代を通じて、国境を越える売買春による甚だしい搾取と暴力についての聞き取り等を元に対策が練られ、その結果が議定書に帰結したのでした。日本は、とくに性風俗産業が「人身取引の温床」になっている、と国連およびアメリカ国務省から批判を受け、2004年に「人身取引対策行動計画」を立て、刑法、風営法、入管法など一連の法改正を行っています。[4]

しかし、議定書が問題にしているのは、物理的または心理的な強制を用いて「他の者に売春をさせるための移送」であって、本人が自発的に行う売春のための移動は含みません。ここには、「強制的な使役」と「自発的（自己決定に基づいた）労働」の間のどこに線を引くか、という終わりのない議論が関係しています。そして、この議論をする際、当然ながら、人身取引被害者支援運動などは強制の側面を強調し、セックスワーカー権利運動は自己決定の側面を強調する傾向になります。セックスワーカー権利運動は、自分たちの権利を侵害する人身取引にはもちろん反対なのですが、同時に、被害者を出さないための人身取引対策が、セックスワークという職業を選択する自由、移動する自由、それらを通じて人生の機会を拡大する自由を阻害することを危惧しています。こういった弊害がすでに起きているからです。

『Collateral Damage（巻き添え被害）』という映画を通してこのことを問題にしている、グローバルな運動を紹介しましょう[5]。制作したのは、0章にも登場した（9頁参照）、アメリカのセックスワーカー権利運動家キャロル・リーです。セックスワーカーだけでなく、ヨーロッパの人権団体、欧米とアジアの研究者なども出演や調査によって協力しています。Collateral Damage はもともと軍事用語で、敵地に落とした爆弾がそこにいた無辜の人びとも殺してしまうような被害のことです。人身取引は悪いけれども、それを禁止するためにセックスワーカーが巻き添えを食うのは不条理だ、という意味が込められています。具体的には、①現状の人身取引対策は、当事者の意思形成の複雑さを考慮せずに摘発し、セックスワーカーを出身国送還する場合が多いことと、②そうなってしまうのは、いわゆる先進国の政策決定者中心の対策を立て実施するからであること、③結果として、経済的に豊かな国が移民を防止する対策になっていることの3点を、批判しています。

とくに女性が移動や職業選択の自由を制限されているとなれば、普段はそれに反対して立ち上がる人びとが、同じ制限をセックスワーカーが受けるとなると、「彼女たちは被害者だから国に送り返さなければ」と意見を変えてしまう。これもスティグマに関連する暴力の一環だ、という主張には説得力があります。

(3) 国際機関や人権団体等の指針

そんな中、国連機関や国際NGOなどが、セックスワーカー権利運動団体や関係研究者の調査研究に耳を傾けるようになり、暴力と搾取を防止するための実践的な提言や対策を打ち出すようになりました。これには、HIV感染予防に当事者のエンパワメントが不可欠だという観点が導入されたこと（第5章132頁参照）も影響しています。

まず、早い段階で「労働アプローチ」を提唱したのが、ILO（国際労働機関）です。ILOは、東南アジアの売買春の経済社会的要因について調査・分析した1998年の報告書で、セックスワーカーが自ら仕事の条件を向上させるために、セックスワークを労働として、ワーカーを労働の権利を行使する主体として扱うべきだろうとしています。また、国家にとっても、性産業の実態を把握し、経済・税制に組み込むことがメリットになるとしています。[6]

他の国連機関では、WHO（世界保健機関）が「社会的に脆弱なグループへの暴力防止アプローチ」を採っています。[7] このアプローチは、暴力に対処したり暴力を予防・軽減したりするための次のような具体案からなっています。

(a) セックスワーカーの法的権利に関する教材開発
(b) 差別に対処するためのコミュニティ活動支援
(c) 暴力の可能性がある客や出来事についての警告システム開発（スマホアプリが実際に開発されています）
(d) 法執行機関に対するハラスメント防止ワークショップ

ＵＮＦＰＡ（国連人口基金）、ＵＮＤＰ（国連開発計画）、ＵＮＡＩＤＳ（国連合同エイズ計画）も、ワーカーが主導するコミュニティ・エンパワメントと保健推進プログラム開発を推奨するＷＨＯと似たアプローチで、とくに、人権侵害のない継続的ＨＩＶ予防をめざしています。

人権団体でまず挙げるべきは、２０１５年にセックスワークの非犯罪化を支持する組織決定をして話題になった、アムネスティ・インターナショナルでしょう。非犯罪化方針も密接に関係する、「危害、搾取、強制からの保護アプローチ」をよびかけていますが、具体的には、各国政府に対して、セックスワーカーを自らの生と安全に影響する法律の開発に参加させることと、セックスワーカーに対する特別法による取り締まりを含む差別を止め、教育へのアクセス、雇用の選択肢を確保することを要求するものです。[8]

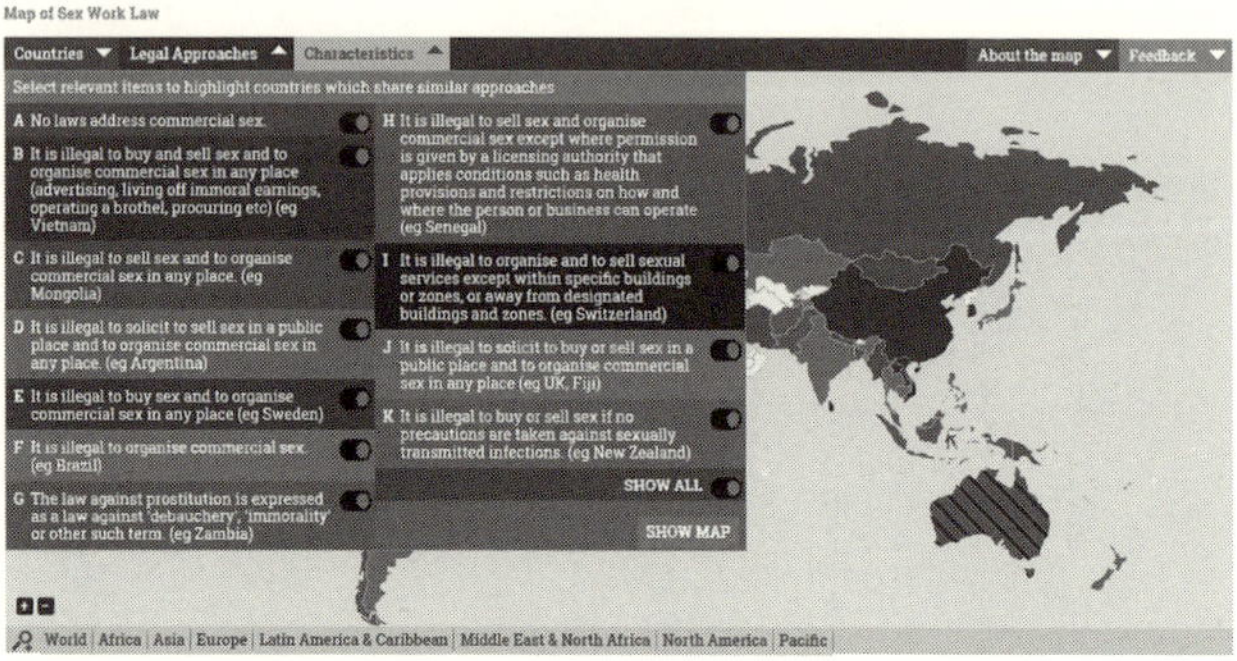

図2　Map of Sex Work Law　http://www.spl.ids.ac.uk/sexworklaw

GAATW（女性に対する人身取引に反対するグローバル連合）も重要です。人身取引に対する「当事者中心アプローチ」を採用し、被害者（かもしれない）個々人にどう影響するかをもって人身取引対策を評価すること、誰が被害者になりやすいかを特定すること、誰にかれらを守る責任があるかを特定すること、より効果的にかれらの人権を守る方法を探ることを指針としています。[9]

そして、アメリカ国立衛生研究所などが採っている「ハームリダクション（危害軽減）アプローチ」も大切ですが、このアプローチについては第5章（131頁）を参照してください。

(4)当事者参加行動調査アプローチ

さて、ここまで見てきたように当事者を議論や政策決定の中心にすえるアプローチの採用が増える中で、新しい取り組みも生まれています。その一つが、「売買春に関する各国の法体系」の節で頼った、**図2**のMap of Sex Work Law（セックスワーク法世界地図、以下「世界地図」）です。

「世界地図」は、国際開発・南北問題に関する研究の世界でよく知られる、イギリスのサセックス大学開発学研究所の「セクシュアリティ・貧困・法律プログラム」が、ウェブ公開しているものです。このプログラムは、セクシュアリティと貧困に関連して不利益を被っている人びとの「ジェンダーと宗教に配慮し、エンパワメントをめざす」ため、イギリス国際開発庁の助成金を受けて運営されています。そして、セックスワークについては、グローバルな格差の問題であるという観点から、「ワーカー」を「労働者」としてエンパワーする（力づける）立場に立っています。世界中でセックスワークがどのような法規制を受けているかを把握することが、エンパワメントの第一歩というわけです。

「世界地図」は内容が詳細で検索等利用もしやすくできていますが、ここで重要なのは、この調査プロジェクトが学術研究とセックスワーカー当事者運動の協働で行われたという点です。ある社会問題の当事者（マイノリティ）がその問題に関する調査の中心となり、解決策を探る主体となり、結果が当事者の利益になるような調査を行うことを、「当事者参加行動調査アプローチ」と言います。このアプローチでは、さまざまな背景をもつ人が平等に参加できるよう、相談や意思伝達・発表の手段としてアートを使うなど、創造的な方法もすでに試みられています。調査に対する当事者によるモニタリングと評価のプロセスが調査結果に織り込まれていることも重要です。調査を政策に結びつけ、搾取と暴力の防止をめざすにしても、現場における実効性を高めることが一番の目的です。

「世界地図」もこのアプローチを採用しており、当事者集団としてＮＳＷＰが参加しています。

とくに、NSWPの創設者の一人で、自身もセックスワーカーであるシェリル・オヴァースは、開発学研究所の客員研究員として「世界地図」の開発責任者を務めています。「世界地図」を紹介する新聞記事に載ったオヴァース自身の趣旨説明は、

改革は、ただ反売春法をなくすことを越えなければならない。ワーカーに対する暴力と強要を終わらせ、彼女たちが司法、行政サービス、尊厳のある仕事の条件へのアクセスを得るためには、新しく、そして、地域の事情に合った法規制の枠組みが必要であり、健康と経済計画と文化の変化に関する新鮮な取り組みが必要なのだ。[10]（青山訳）

というもので、ある種の提言になっています。国の機関、大学、研究者たち、当事者個々人とその運動の誰が欠けてもこのような提言は生み出されなかった。少なくとも、この点と、調査を現場における実効性の高い暴力防止策に結びつけようとしている点において、このプロジェクトは「当事者参加行動調査」のモデルであると言えます。しかし、オヴァースも明言している通り、私たちはこれを真似すればいいというわけではなく、それぞれの地域・社会の事情に合わせた取り組みを、多くの人の知恵を絞って作っていかなければならないのです。

おわりに――日本の新施策への動きをふまえて

(1) 買春犯罪化のトレンド

最後に、近年の買春犯罪化の世界的なトレンドと、それに並行する日本の動きを見ていきます。セックスワーカー権利運動が理想としているのは、売買春をはじめとするセックスワークの非犯罪化です。そして、これには多くの国際機関などが賛同しています。しかし、前述の通り、今までに国として非犯罪化に動いたのはニュージーランドのみで、オーストラリアが少しずつ変化している程度なのに対し、近年あらたに買春を犯罪化する国が複数出てきています。需要を抑制し最終的には売買春を廃絶することが目的です。先鞭をつけたのは１９９９年のスウェーデンで、２００９年にノルウェイ・アイスランド、２０１６年にはフランス、２０１７年にはカナダ・アイルランドが続きました。スウェーデン・ノルウェイ・アイスランドが先行したことから、買春の犯罪化を「スウェーデン・モデル」、「ノルディック・モデル」、「スカンディナビア・モデル」と呼ぶことがありますが、これは、福祉先進地域のブランド力利用が先に立った不正確な言い回しです。実際は、ノルウェイは売買春両方を、アイスランドに至っては売買春だけでなくストリップクラブやラップダンス店も違法にした厳しい国で、スウェーデンはフランス・カナダと同様、買春を犯罪化すると同時に売春を非犯罪化しているなど、かなり事情が違います[11]。

しかし、いずれにしても、北欧の国々は人口が小さく（3国合わせて約１５００万人）、社会民主主義政権の歴史が長いなどの特徴から、その政策が世界中に影響することは考えにくい。他方、セックスワーカーの権利擁護の立場に立つ研究者の間では、EUと北米のG7国家であるフランスとカナダの買春犯罪化は、売春する人を直接的には処罰しない点で世論の支持を集めやすく、影響力が大きいのではないかといわれています。

(2) 日本の動き

日本では、1956年に制定されていらい骨子が変わっていない売防法を抜本的に改正せよという動きがあります。この動きが大きくなったのは、2012年に厚生労働省が「婦人保護事業等の課題に関する検討会」を発足したころからと思われます。「婦人保護事業」とは、売防法第34条等を根拠に、「売春を行うおそれのある女子」の保護更生を図る事業ですが、ここでの議論の中心は、売防法が「女子」のみを「社会の善良の風俗をみだす」罪を犯す（可能性がある）とし、補導・保護更生の対象とする、女性差別法であることの問題です。

2014年には、日本キリスト教婦人矯風会傘下の「売買春問題ととりくむ会」が衆議院議員アンケート調査を行い、全国婦人保護施設等連絡協議会が中心となって厚生労働省等に改正の要望書を提出し、2015年いらい毎年シンポジウムを開催し、2016年には、人権保障、女性自立支援の視点での改正案である「女性自立支援法」骨子をまとめています。与党も歩調を合わせ、2017年に「婦人保護事業の見直し検討プロジェクトチーム」を作って活動を始めました。

これらとは別に日弁連も、２０１３年に、売春する人を刑事処分や補導処分の対象とすることは現場での人権侵害を潜在化させる、などとする「刑法と売春防止法等の一部削除等を求める意見書」を公表し、内閣府等に提出しています。

売防法が女性差別法であることとセットで語られる問題点が、「買う側の男性」は罪に問われることがない点です。買春者処罰は、上記の矯風会の歴史的な目標でもあり、矯風会は買春犯罪化支持を打ち出している国際人権団体イクォリティ・ナウとも協働しています。しかし、全国に１５００人弱いる婦人保護施設の現場の相談員の中には、買春を犯罪化することで取引が地下化し現場での人権侵害をますます潜在化させる、という懸念もあるためか、まだ提言等として公表されていません。他方、セックスワーカーの権利運動の立場からは、生計を脅かし非犯罪化に逆行する買春者処罰は受け入れられないでしょう。スウェーデン等の前例を見ても、当事者にとって、客が犯罪者になることを防ぐために隠れて仕事をしなければならない不安は大きく、スティグマもなくなりません。少なくとも、相談員や弁護士・研究者・政治家・行政官だけでなく、現に売春で生活している人の当事者としての参加を得た調査をし、要望をくむまでは、政策決定に突き進むべきではない、ということです。

世界ではすでに当事者を中心にした実践的なアプローチが多数採用されています。日本でも、日本の地域・社会的な文脈を踏まえた上で、セックスワーカーに対する暴力を防ぐためのベストプラクティスを求めていかなければなりません。そして、当事者運動の理想である非犯罪化は、社会による暴力であるスティグマを無くしていく道でもあろう、ということを最後にもう一度強調したいと思います。

---

［1］ 日本を含め、セックスワーカーが女性であることを前提としている法をもつ国が多く、比較をするためには、この節で扱う法も女性を取り締まる法に限らざるを得ません。トランス女性が取り締まりの対象に含まれる場合も含まれない場合もあります（１５２頁の「世界地図」参照のこと）。ＮＳＷＰは、このような法における性差別は、「セックスワークは女性に対する暴力の一形態である」という言説と共に、男性セックスワーカーの不可視化と彼らに対するスティグマの放置につながっていると指摘しています（NSWP, *Briefing Paper No.8: the Needs and Rights of Male Sex Workers*, 2004, pp.2-3 http://www.nswp.org/sites/nswp.org/files/Male%20SWs.pdf（２０１８年６月14日閲覧、以下のＵＲＬも全て同様））。

［2］ *New Zealand Prostitution Reform Act 2003* http://www.legislation.govt.nz/act/public/2003/0028/latest/DLM197815.html

［3］ *New South Wales Disorderly Houses Amendment Act 1995 No 53* https://www.legislation.nsw.gov.au/acts/1995-53.pdf

［4］ 青山薫「『不法滞在』をする側の論理——とくに性風俗産業で働く人びとについて」安里和晃編『国際移動と親密圏——ケア・結婚・セックス』京都大学学術出版会、２０１８年を参照。

［5］ Carol Leigh, *Collateral Damage: Sex Workers and the Anti-Trafficking Campaigns*, Sex Worker Media Library, 2014 http://sexworkermedialibrary.org/CollateralDamage/

［6］ Lin Lean Lim ed., *The Sex Sector: the Economic and Social Bases of Prostitution in Southeast Asia*, International Labour Organization, 1998

［7］ WHO, *Violence Against Women and HIV/AIDS: Critical Intersections: Violence against Sex Workers and HIV Prevention*, 2004

［8］ Amnesty International, *AI Publishes Policy and Research on Protection of Sex Workers' Rights*, 2016 https://www.amnesty.org/en/latest/news/2016/05/amnesty-international-publishes-policy-and-research-on-protection-of-sex-workers-rights/

［9］ GAATW, *Collateral Damage: The Impact of Anti-Trafficking Measures on Human Rights around the World*, 2007

［10］ Cheryl Overs, Sex Workers' Rights: Mapping Policy around the World, *The Guardian*, 15 Sept. 2015 https://www.theguardian. com/global-development-professionals-network/2015/sep/15/laws-against-sex-workers-can-a-map-helpto-move-the-discussion-forward

[11] スウェーデンとノルウェイの買春犯罪化については、賛否両方の立場からすでにいくつかの経過調査・報告が行われています。そこでは立場による明らかな違いのほか、共通点も目を引きます。その一つは、犯罪化後も売春を続けている人たちにとっては暴力被害に遭う危険が増した可能性を認めている点です（例えば、Susanne Dodillet and Petra Ostergren, 'The Swedish Sex Purchase Act: Claimed Success and Documented Effects', presented at *The International Workshop: Decriminalizing Prostitution and Beyond: Practical Experiences and Challenges,* The Hague, 3 and 4 March 2011', Ingeborg Rasmussen et al., *Evaluation of the Ban on Purchase Sexual Services,* prepared on behalf of the Ministry of Justice and Emergency Department, Norway, Report No. 2014/30）。

これらを受けてなお買春犯罪化に踏み切ったフランスですが、上院で2回否決され、最後に下院の優位で成立した時の得票数を見ても、この改正法が多数に指示されたものではないことがわかります。投票結果は賛成64（内51は与党社会党票）、反対12、棄権11。下院議員定数は５７７。つまり、ほとんどの議員がこの議決に欠席していました。研究者のエレン・ルバイ（Helene Le Bail）は、賛成すれば性的に保守的であるとみなされ、セックスワーク当事者・支援者から叩かれ、反対すればとくに男性議員は「女の敵」とみなされる。議員にとってはどちらに味方してもデメリットが大きいことがわかったからだ、と分析しています（２０１６年7月14日に開催されたアジア女性資料センターセミナー報告「フランスにおける『買春禁止法』成立の背景とこれからの課題」より）。

第7章

どうすれば安全に働けるか

セックスワーカーの労働相談と犯罪被害

要友紀子

はじめに

私は、性風俗で働く人々の健康と安全のために活動する団体SWASHのメンバーとして、20年くらい活動を続けています。

これまでの主な活動[1]としては、セックスワーカー当事者同士による「性感染症予防勉強会」、現場の実態や当事者の声を把握する「調査研究」、それらに基づいた「セックスワーカー向け資材開発」、海外のセックスワーカー団体との協働やセックスワーカー国際会議参加を通じた「国際ネットワークの構築」、国の人身売買対策や性風俗のアンダーグラウンド化による問題に取り組む「外国人セックスワーカー支援」、多様なセクシュアリティのセックスワーカー向けの「イベント開催」、セックスワーカーの人権擁護や差別撤廃の考えを普及する「社会啓発」などに取り組みました。

２０１１年以降はこれらの活動に加えて、風俗で働く人々の現場に行って性感染症予防啓発や安全な働き方のスキルシェア／講習をする「アウトリーチ」、様々な専門家や当事者ゲストを招いての「相談カフェ」、24時間対応のホットライン「電話相談事業」、安全な労働環境やセックスワーカーを守れるスタッフを増やすための「風俗店オーナー研修」、風俗求人サイトで情報発信する「労働相談Q&Aコラム連載」、セックスワーカーが安心して相談できる人を増やすための「相談員／専門家研修」および「相談員向け手引書配布」などをしてきました。

この章では、その中の「電話相談事業」のホットラインに寄せられたセックスワーカーの相談や悩みと対処法を紹介しながら、それらの悩みや被害がどのような背景によって生じているのかを考えていきます。

ホットラインを通じてわかったこと

ホットラインは、２０１３〜２０１４年度にかけて、大阪府の「ＨＩＶ・エイズの正しい知識の普及啓発及びまん延防止事業（個別施策層への普及啓発）」の一環として行いました。ホットラインの宣伝は、大阪府内のホテヘル約３００店舗に配布した性感染症予防啓発や相談カフェ案内のチラシに掲載しました。したがって、相談者は大阪府内のセックスワーカーが多い傾向があると思われます（中には、たまたまネットでＳＷＡＳＨのチラシを見た地方のセックスワーカーからの相談も含まれています）。

２年間に主に電話での相談が85件寄せられました。

表1の相談項目のグラフは、相談の聞き取りの中で話題に挙がった項目を複数回答の形で集計しています。例えば、「ゴムフェラ」に関する相談の中で出てきた話だと、「お店探し」・「性感染症」・「業務内容」等の項目にチェックが入っているという感じです。

この中で、性感染症の相談が一番多い理由は、おそらく私たちのこれまでの活動で一番力を入れてきたことが性感染症予防啓発だからだと思います。例えば、２０１４年だけで見ると、ＳＷＡＳＨ主催のストーカー対策質問会のことが毎日新聞で報道されネットニュースにもなったので、その年の相談ランキング1位はストーカー被害となりました。したがって一般的に、セックスワーカーの平均的な相談ランキングを忠実に提示するというのは難しく、その年ごとの宣伝や啓発の力の入れどころ、活動団体の重点テーマからも影響を受けます（第1章38頁参照）。

そのことを前提とした上で、寄せられた悩みや相談の中で多かったのは、性感染症、お店関係、客関係のことです。

これらの悩みや被害というのは、働く人々よりも店や客が優位になる社会的・法的フレームによって引き起こされる不安全から来る問題で、風俗で働くこと、セックスワークそれ自体が本来持っているリスクではありません（次頁**図1**）。それではここから、具体的な被害の背景と原因に、社会的差別や法律、労働環境がどう関係しているのかを説明していきます。

表1　2013〜2014年度におけるセックスワーカーのためのホットライン

相談者の属性

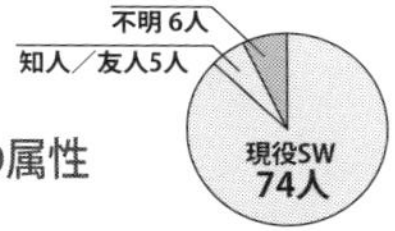

相談件数 85 件

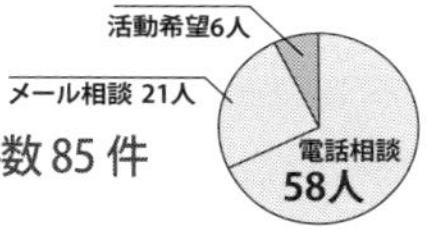

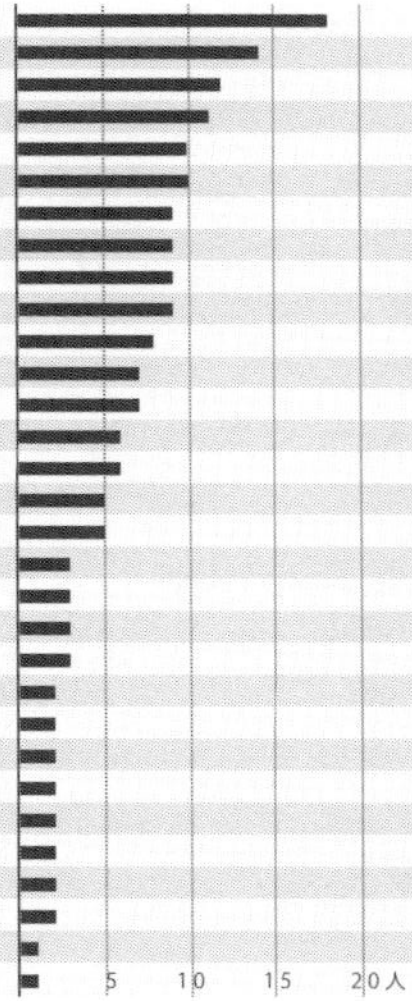

性感染症	ヘルペス、クラミジア、喉の性病、抗生物質、B型肝炎、妊婦風俗と指入れ、ゴムフェラ、おりもの、中出し等
アウティング	ネット書き込み、店のWebに顔出し、盗撮、身分証提出、店や客からの脅し等
客とのトラブル	盗撮、妊娠、待ち伏せ、店に電話くる、脅しメール、生本番、ネットに中傷、関係が切れない、金銭要求等
ストーカー	被害の可能性の心配、警察による警告、待ち伏せ、執拗な電話・メール・ライン、ネット書込等
職場環境	出稼ぎ、出会い系、ホテルが不安、アングラ系、客が少ない、勤務時間長い、稼げないお店、女性客対象の店等
精神科系	孤独、鬱、いい精神科医がない、社会不安障害、PTSD、自殺願望、不安、朝起きれない、安定剤・睡眠剤等
契約内容	誓約書、身分証提出、本番、顔出し、AV出演勧誘、AV出演作品の削除希望、体験入店の退店等
お金	借金、ホスト、生活保護、社協の返済、中絶費用、ヤミ金等
セクシュアル・マイノリティ	AFによる切れ痔、逆アナル、女ホル、ローションない時の対処、TGSWと繋がりたい、セクマイ向け風俗、性感染症リスク等
業務内容	自分に合っているか、仕事が嫌、何を気をつけたらいいか、指入れ、AF、本番サービス、SM、ゴムフェラ等
性暴力	生本番、中出し、コンドームとられた、妊娠・中絶の心配、監禁、裏風俗、ヤミ金、緊急避妊ピル、講習等
家族	誓約書・身分証・盗撮・ストーカーによる家族バレの心配、家庭が厳しい、親が病気等
妊娠	講習でゴムをつけずにやられた、客に妊娠させられた、勝手にコンドームを外された、妊婦風俗、生本番風俗等
友人	友人バレが心配、友人の困窮の相談、客としてSWの被害相談、SWから金を貸してと言われた、友人のSWの性感染症の心配等
法律	店のサイトに顔写真掲載、誓約書、身分証、性被害、ストーカー、盗撮等
恋愛	彼氏バレ、元彼のストーカー、恋人が仕事を理解してくれない、ホスト、店の店員等
産婦人科系	妊娠・中絶、中出し、おりもの、医者に「そんな仕事辞めなさい」と言われた等
中絶	コンドームなしでやられた、中絶費用がない、必要なサポートを知りたい等
借金	社会福祉協議会、ヤミ金、等
同業とのつながり	TGSWのつながり、同業の友達がほしい、SWの集まりに行きたい等
福祉	ケースワーカーが嫌な人、社協、生活保護等
職場の人間関係	長らく行かなくなった店に行きにくい、好きな店のスタッフにひどいことをされた等
暴力団	ヤクザからの脅し、ヤミ金の裏風俗等
就職	SW以外の仕事に就いたことがないから不安、ストーカーによる就職妨害等
転職	鬱がひどく接客に向いてないが社会生活もできない、借金がある等
ＡＶ	結婚のため過去に出演した作品を削除したい、1本で30万で勧誘されたが出演して大丈夫なのか等
お店の見つけ方	危険な店かどうか、、ゴム使用店、セクマイでも働ける店等
ＤＶ	夫からの暴力による骨折、経済的DV
結婚	結婚前のAV出演バレを防ぎたい、ホストとの結婚
子育て	シングルマザー
確定申告	稼いだお金はどのように申告するのか

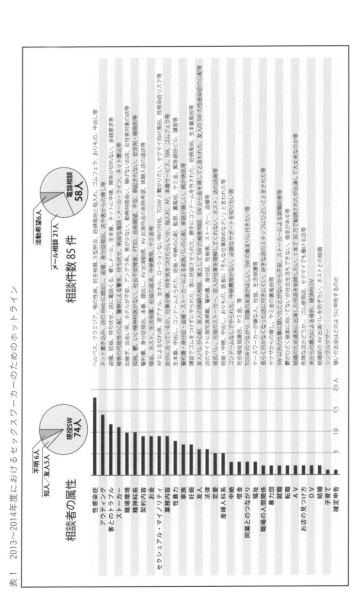

社会的フレームによる問題

(1) 誓約書サインや身分証提出による不安

お店関係の相談で深刻な被害の一つとして、「店の人にお店を辞めると言ったら、入店時に誓約書にサインをしたことを指摘され、『辞めるなら罰金を払え、払わなければ自宅の住所まで行く／親に連絡する』と言われた」というものがあります。ただし風俗で働く際に、労働者にとって不利益な内容を強制させる誓約書が求められることは一般的ではなく、また、サインをした人皆が誓約書のことで追い詰められて罰金を払わされるわけではありません。ＳＷＡＳＨにきた相談のケースを見た限りでは、「サインした誓約書内容に反して急にお店に行かなくなっても大丈夫か」「お店から罰金のことを言われたが無視し続けていいのか」というのが主な相談で、大抵は、店側が諦めるケースが多いように思います。

しかし逆に、急に辞めることをお店の人にきちんと相談しようとする人は、「入店時に誓約書にサインしたのだから罰金を払え」と詰められることがあります。

その場合、相談者からまずお店や店長の名前を聞き、ネットワークを駆使して、過去にそこで働いたことがある人や、風俗メディアなどの周辺ビジネスの関係者から情報を集めたり、公安委員会に届出済のお店かどうかや掲示板の書き込み等も参考にしたりしてリスクアセスメントをします。

誓約書につけ込まれた時に、当事者が脅しをなかなか無視できないのは、お店に身分証のコピー

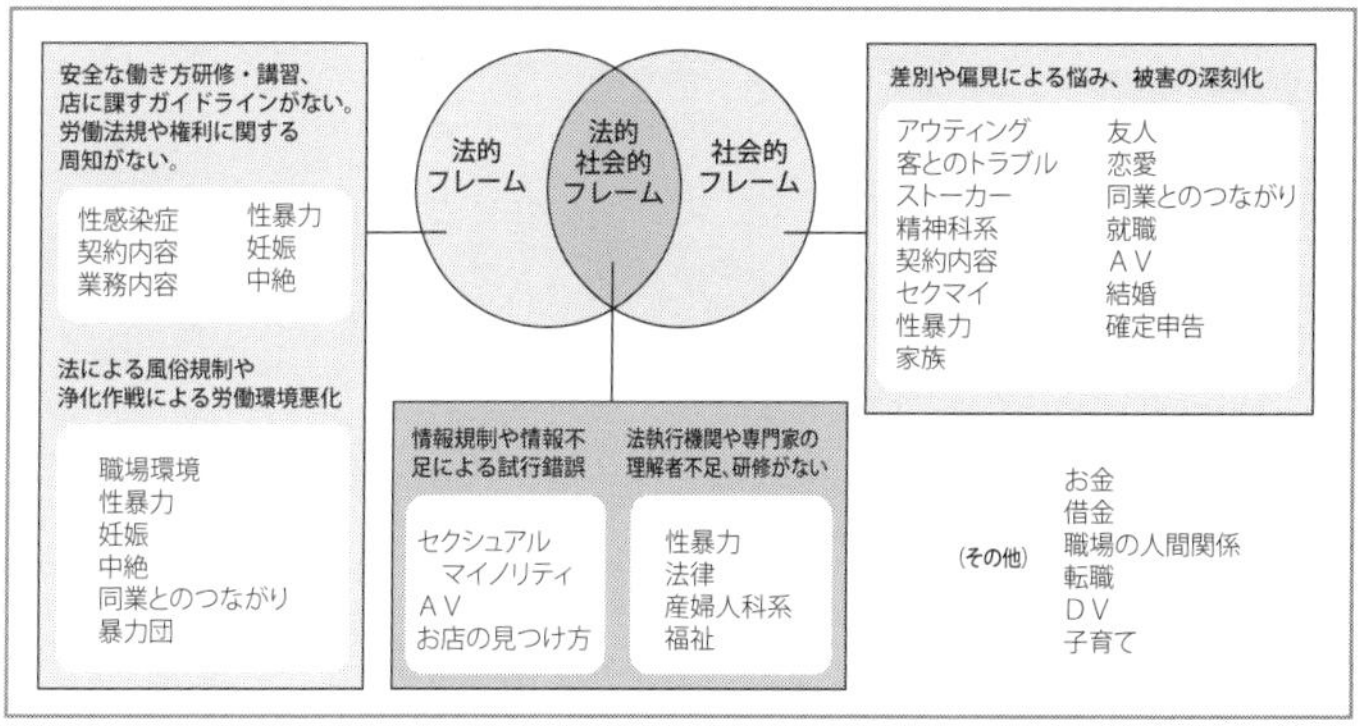

図１　法的フレーム・社会的フレームによるセックスワーカーの不安全

を提出しているからです。身分証の提出による不安の中身には、個人情報やプロフィール写真流出、親バレ・身バレ（親にばれたり、身元がばれること）等の心配、自宅や実家まで来られるんじゃないか、勝手に身分証を何かに使われないか、などがあります。

そうしたことからもわかるように、「身分証をお店に提出するのが不安、提出したくない」という相談もあります。この場合は、不安の中身一つ一つに対して、今考えられる可能性や対策を話し合います。例えば、相談者には、身分証提出そのものが嫌な人から、「現在の住所が知られたくない」「実家の住所が特定されたくない」「顔写真が載っているものは提出したくない」という人まで幅があります。これは、住民票、パスポート、免許証、マイナンバーカード、稀なケースだと戸籍謄本など、お店によって必要な身分証の説明がまちまちなことがあるからです。２０１４年の風営法改正によって、本籍地の住所まで記載されていなくても本籍（都道府県名）を確認できる身分証であればいいということになりましたが、本籍記載の身分証を持っていない人には、相変わらずお店から、「住民票のコピーを」と言われることが多いと思います。この場合、本籍の都道府県名のみを記載した住民票記載事項証明書を役所で発行してもらい住民票の写しの代わりに提出することができますが、そのような丁寧な説明がお店からなされているのか甚だ疑わしいところです。

一方、また違った見方の提示として、身分証の提出を求めないお店は、法律を守らないずさんな経営をしているお店かもしれず、それだとまた違った面でのリスクが生じる可能性があることも伝えます。また、そういった身分証提出に関する不安について、丁寧に誠実に、納得いくまで一緒に考えてくれる店長さんがいるかどうかをお店選びの基準にすることも、身分証悪用被害防止のためにできることの一つとして参考にしてもらいます。

そして何より重要なのは、万が一身バレしてしまった時のために、身近な人たちにどういう言い訳や説明をするかも一緒に考え、弱みにつけ込む脅しに怯えて屈することがないようにしておくことです。

一般的に、身近な人々にカムアウトしているセックスワーカーより、カムアウトしていないセックスワーカーのほうが弱みにつけ込まれたり、様々な被害に遭いやすい傾向があります。カムアウトできないため、困り事があっても周囲に相談できず一人で抱え込んでしまい、被害が深刻化しやすい面もあります。

つまり、セックスワーカーに対する差別をなくし、人々のセックスワークに対する仕事としての理解が進まなければこの被害は減らすのが難しいということです。

(2)ストーカー被害

客関係の相談ではストーカー被害が一番多く、風俗店店長さんたちからもストーカー対策のニーズの声をよく聞きます。ストーカー問題でも、誓約書問題と同様、セックスワーカーに対する差別を利用して、セックスワーカーをコントロールしようとするケースが目立ちます。

セックスワーカーがストーカー被害に遭っても警察に相談しにくいのは、社会的偏見を気にして、加害者との関係や出会った場所、これまでのコミュニケーション内容等の経緯を詳しく説明することに抵抗を感じる人がいるからです。また、たとえ警察に相談できても、相談者の身の危険が認められない限り、警察はストーカー客に最初は警告や口頭注意することしかできないというのも大きいと思います。そのため被害に遭ったワーカーは、警察に相談することで客から逆恨みされた[2]り風俗の仕事のことを周囲にバラされたりするくらいなら我慢しようとします。警察は、「風俗の仕事をバラされても、身に危険が及ぶことではない」という理由で、バラすという脅しによる被害にはなかなか対応してくれません。

このような時は、警察以外のもう一つの救済の道として、ストーカー対策の専門家に対処してもらいます。具体的には、専門家によるリスクアセスメントに応じて、被害対策と、加害者介入の必要性・可能性を検討してもらいます。案件によっては、専門家の判断で、専門家のもとでストーカー対策の研修を受けたSWASHメンバーが加害者に会って話をすることを、相談者に提案することもあります[3]。

それから、ストーカー被害防止を含む労働環境改善の取り組みの一環として、SWASHでは2014～2017年にかけて、風俗店店長や男性スタッフを対象にしたオーナー研修を計4回開催しました[4]。研修では、ストーカー被害が起こった後の法執行機関の介入の流れや制度活用についてだけでなく、ストーカー被害を防ぐ接客やコミュニケーションの仕方についてのレクチャーもします。例えば風俗店の中には、「色恋」接客という言葉があるように、お客さんがワーカーに対して恋愛感情を持ちやすくなるような接客を勧めているお店もあります。それによってワーカー自身も「(色恋接客は)指名をとるには仕方がないことだ」と考え、ストーカーを招くリスクを増大させてしまっている面があります。そこで、お店側がワーカーたちに、お客さんとの会話で誤解を招かない具体的な返答の仕方や言葉の使い方を教えられるようになることも大事です。

法的フレームによる問題

(1) 性感染症

粘膜/体液接触を伴う性サービスを避けることが難しいセックスワーカーにとって、性感染症に関する疑問や不安——例えば、「フェラチオのサービスでコンドームを使えない(生フェラ)」「口内発射／射精による喉への感染が心配」「性器の皮膚／粘膜がすぐ荒れてしまう」「アナルを舐めなければいけない」といったことは、ネットに書いてあるような一般的な予防情報やアドバイスでは解決できないことがほとんどです。

これらの悩みや相談は、ＳＷＡＳＨで長年行ってきた当事者どうしの性感染症予防勉強会で蓄積された予防スキルや、医師による監修を受けた資材（巻末付録２４９頁参照）に基づいてアドバイスができます。一方、「Ｂ型肝炎やヘルペスに感染したことがある場合の働き方」「おりものの症状の違い」「抗生物質が効かない」「妊娠中の指入れ」等、専門的な知識が必要な相談は、具体的なリスク回避の仕方を教えてくれる医師にお答えいただいたり直接お繋ぎしています。

それではなぜ性感染症の感染を完全に回避する働き方が難しかったり、コンドームを使ったフェラチオ（ゴムフェラ）でなく生フェラが基本になっているかというと、風俗店がセックスワーカーたちのセクシュアルヘルスのための対策を立てなくても、公安委員会に届出を出せばだれでも開業できるという状態にあるからです。

国外に目を向けると、オーストラリアのニューサウスウェールズ州では、州政府レベルでのバックアップ体制が敷かれており、規範としてのセーファーセックスの周知、コンドームなど安全性確保のための装備の普及、セックスワーカーコミュニティ主導型の健康増進およびピア（当事者）ベースの現場介入が行われています。その結果、ニューサウスウェールズ州のセックスワーカーは、ＨＩＶ／性感染症の感染率が、移住労働者のセックスワーカーも含めて世界で最も極端に低いそうです。[5]またニュージーランドには、セックスワーカーと客に性感染症予防具の使用を課す「売春改善法」があり、もしコンドームを使用しなかった場合、罰則もあります。[6]

しかし、日本ではそうした労働者の健康と安全をどのように守るかという行政の指導も店側の義務もないので、ほとんどのオーナーたちは金儲けに関わることしか関心を持たないという状況になってしまっています。そのため、風俗店で行われる新人講習では、体液・粘膜接触を伴うスマタ（股にペニスを挟むなどの疑似的性行為）や、非ホンバン系サービスには含まれない生ホンバンの性被害に遭いやすくなるようなスマタの仕方（バックスマタ等）を教えられることがあるのです。こうした部分は、オーストラリアやニュージーランドのように、厚生労働省などが先導して、セックスワークにおける安全な労働のためのガイドラインを作り、風俗店に徹底させるようにしなければ改善できない領域だと思います。

(2) 性暴力被害

性暴力被害・妊娠の不安というのは、客による生ホンバン、中出し（膣内射精）等のことです。今の風俗は昔に比べ、こうした被害の抑止力となるシステムがなくなってしまいました。

風営法が改正される1998年以前であれば、店舗型風俗店がたくさんあり、プレイルームのすぐそばに男性従業員がいるのでセックスワーカーの声もまる聞こえで、何かあればすぐに助けを求めたり逃げたりできたため、こうした問題は起こりにくい労働環境でした。

しかし、１９９９年の改正風営法施行による派遣型風俗店の合法化以降、事実上店舗型風俗店は新規開店できなくなり、デリヘルが最もメジャーな性風俗産業となりました。そのため、多くのセックスワーカーたちは、客と二人きりでホテルや客の自宅という密室で働かなければいけなくなり、こうした性暴力の不安やリスクは高まりました。

さらに、昨今のラブホテルの部屋のドアは、手動ロックではなく、部屋に入ったとたんにドアの鍵がロックされてしまう自動ロックシステムのタイプが増えています。部屋のドアの入り口に設置されている会計システムにお金を入れて会計を済まさなければ、開錠されないのです。これでは被害に遭いそうになって逃げたいときにすぐに逃げることができません[7]。このように、法改正によるデリヘル主流化と、セキュリティ上の問題があるラブホテルの構造は、性暴力被害のリスクを増幅しています。

(3) 盗撮

客による盗撮も、店舗型風俗店より、ホテルや客の自宅で行われることがほとんどです。しかし、盗撮罪という罪はないので、迷惑防止条例違反で訴えるか、あるいは動画や写真がネットにアップロードされる被害が伴えば名誉毀損罪・リベンジポルノ被害防止法（私事性的画像記録の提供等による被害の防止に関する法律）、性器部分のボカシなしでのアップロードであれば、わいせつ電磁的記録媒体陳列等で警察に告訴・告発することになります。ただ、迷惑防止条例は、被害に遭った地域の条例によっては、駅や電車など公共の場所での盗撮しか適用されない地域もあり、東京の条例でも、２０１８年7月にようやく、適用となる盗撮場所の範囲が、住居やカラオケボックス、ホテル等にも拡大されたところです。

現場で起きている被害は人災である

以上のように、店からの被害も、客からの被害も、性感染症の感染も、被害が起こりやすくなる社会的／法的／政策的条件があるだけで、元来セックスワークそのものが被害を受ける仕事なのではないということ、現場で起きている被害は社会的／政治的不作為による人災であることがおわかり頂けたでしょうか。

そうなるのは、日本の性産業が、「市場としてのみ存在している」からです。一般的に、他の産業や職業での仕事に伴う労働者の被害や怪我・病気の問題は、労災として救済されるのと同時に、それらが起こらないように、安全で健康に働けるような労働環境改善・法制定・施策・研修・社会啓発などの被害を減らす仕組みづくりが行われます。

ほかの産業や職業と同じく、セックスワークにおける労働者としての権利を保障することによってのみ、悪事を正すことができるのです。

［１］SWASHのこれまでの活動報告はこちらをご参照ください。 http://swashweb.sakura.ne.jp/node/1

［２］警察庁の調査によると、ストーカー行為で警察から警告を受けたり逮捕されたりするなどした加害者の１割超が、半年以内に同様の行為を繰り返していることが明らかになっています（読売新聞「ストーカー１割再発　逮捕・警告から半年以内　警察庁、治療促進など対策」２０１４年12月22日付、東京版朝刊、36頁）。

［３］警察庁は２０１６年度からストーカーの加害者に任意で医療機関での治療を促す取り組みを始めましたが、２年間で約２割の受診率に留まっています（毎日新聞「ストーカー：治療２割　対象１０８２人中、大半受診拒否　16～17年度」２０１８年５月21日付、大阪朝刊、27頁）。

［４］要友紀子「SWASH、風俗店スタッフ向けの研修やってます！」風俗で働く男性を応援するWebマガジンFENIXZINE、２０１６年９月８日付【ストーカー対策編】https://fenixjob.jp/fenixzine/615/（２０１８年８月６日閲覧、以下のURLも全て同様）／【在籍数UPのための環境作り編】https://fenixjob.jp/fenixzine/623/

［５］Australian Government Department of Health and Ageing, *Sixth National HIV Strategy 2010–2013* https://www.health.gov.au/internet/main/publishing.nsf/Content/ohp-national-strategies-2010-hiv/$File/hiv.pdf

［６］ニュージーランドでは売春改善法（２００３年）のほか、労働省が「ニュージーランドの性産業における職業上の健康と安全に関する手引書」（２００４年）を発行しています（the Occupational Safety and Health Service and Department of Labour, *A Guide to Occupational Health and Safety in the New Zealand Sex Industry*, 2004 http://espu-usa.com/espu-ca/wp-content/uploads/2008/02/nz-health-and-safety-handbook.pdf）。これは厚労科研「日本の性娯楽施設・産業に係る人々への支援に関する学際的研究」（東班・２００９年）により邦訳されています。

［７］２０００～２０１１年に、ラブホテルで起きた凶悪犯罪件数、刑法犯罪件数の総数は２６７７２件。そのうち殺人・強盗・監禁・強姦等の凶悪犯罪件数は２０４３件。殺人件数は76件、強盗件数は５３１件という内訳です。

コラム

ウリ専経営者から見える業界の今とこれから

篠原久作（聞き手・山田創平）

▼はじめに

山田 どうもこんにちは。まずは自己紹介をお願いします。

篠原 ウリ専のオーナーとマネージャーをやってます。大阪在住です。

山田 ウリ専とはゲイ・バイセクシュアル男性向けの風俗店のことですね。今回、対談に出てくださった理由をお聞かせください。

篠原 2005年頃からMASH大阪などでお世話になっていた山田さんから声をかけていただいたからです。「この業界を良くしていこう」とかはあんまり考えていなくて、基本的には「無難に仕事をやっていきたい」って考えているんですが、MASH大阪で活動していた頃の山田さんにはとてもお世話になったので、恩返しができればいいなと思っているんです。

山田 ありがとうございます。読者の方のために説明しておくと、MASH大阪は1998年から大阪を拠点に活動している民間団体です。活動の内容はゲイ・バイセクシュアル男性向けのHIV／AIDS予防です。啓発資材の作成から、HIV抗体検査のイベントの実施、HIV陽性者支援や相談の受付まで、さまざまな業務に取り組んでいます。私は2005年から2009年まで専従職員としてそこで働きました。

▼インターネットウリ専の黎明期

山田 篠原さんはそもそもどんな経緯でウリ専に

関わるようになったのですか？

篠原　大学院生の時、研究に行き詰まってずるずるしている間に奨学金が尽きてしまって、アルバイト的に始めたんです。その頃、私自身、同性の人が好きという自覚もあったので、ネットの掲示板などを使って何人かとセックスしたんですね。27歳ぐらいの時です。で、何回かやってるうちに「これは金になる」と思ったんですね（笑）。２０００年ぐらいです。他にも出会い系掲示板とかでお金取ってセックスしている人はいましたし。ただゲイ・コミュニティとの接点はあまりなかったですね。

山田　新木場のヘイトクライム[1]が２０００年ですね。あの頃は出会うためにはインターネットかハッテン場、あとはゲイ雑誌の掲示板っていう感じでしたね。

篠原　そうそう。インターネットはまだ普及しはじめた頃でした。でもそのインターネットを介してゲイの出会いとセックスワークがリンクしはじめたんです。舞台はゲイが使うネット掲示板でした。掲示板を使った援助交際みたいな感じですね。

山田　当時いくらで売ってました？

篠原　一回で5千円でした。こっちも交渉の仕方がわからないし、向こうもよくわからないし。あと、ネットだったんで年下が多かったかな。細かい交渉まではよくわからなくて。

山田　売ってるというより出会うのが目的っていう感じですよね。

篠原　そうそう。ネットを通じた人間関係の構築にはまっていっちゃったという感じ。そこで「あ、コンドームを使うんだ」とか知ったりして。

山田　それは誰に教えてもらったのですか？

篠原　それもネットかな。油性のものがだめだというのは理系だからわかったけど、ローションがどこに売っているのかとかは掲示板で教えてもらった。

山田　それまでの同性愛に対するイメージは？

篠原　映画『ベルベット・ゴールドマイン』とか（笑）あと、雑誌の『アドン』とか東郷健とかは知っていた。

山田　教養人だ！

篠原　サブカルチャー趣味からなんとなく同性愛を知っていて。で、たまたま生活上の必要もあって……。

山田　なるほど。いずれにしても出発は個人売春だったんですね。でもその時それはあくまでもバイトで、将来は研究者になろうと思ってたんですよね。

篠原　いやー。

山田　それがどのようにして今のような。

篠原　ハエがジャムを舐めているうちに……。

山田　まあそこはあまり突っ込まないでおきましょう。ところでAさん（篠原さんのパートナーでかつての共同経営者）とはどこで出会ったんですか？

篠原　出会い系のネットで知り合って、会ってみたら『ベルベット・ゴールドマイン』のジョナサン・リース＝マイヤーズに似てて一目で恋に落ちちゃった。

山田　いやいや、似てないでしょう。

篠原　いや、似てた（笑）。BL的な文脈での男前だった。彼は当時個人売春をやっていた人を集めてシェアハウスのようなことを始めました。それまで僕はあんまりゲイの人としゃべったことも無かったので、そのうちAさんのストーカーみたいになっちゃって、そのシェアハウスに居着いちゃった。他にも何人も同じような人がいました。その頃はまだパソコンを持っている人は少なくて、働いている人はパソコンが使える大学院生が多かった。たぶんそのAさんのお店がインターネットウリ専のハシリみたいな感じ。

山田　で、そこに所属していたと。

篠原　そうです。結局、大学院はフェイドアウトして。

▼セーファーセックスへの意識

山田　ちょうど1998年ごろから大阪ではHIV／AIDSが大きな問題になってきたんですよね。仕事している中でAIDSの話とかを聞きましたか？

篠原　店舗型のウリ専でも働いたことがあるんですが、店としてはコンドームを付ける付けないはお客様に任せるようにしなさい、という方針でした。でも客と交渉してみると、ほぼ１００％コンドームを使えた。

山田　ほほう。それはなぜ？

篠原　お客さんも実はナマでのセックスは不安だったんですね。でも他のボーイで使っていない人は多かったと思う。ボーイ同士の横の会話はあんまり無かったからわからないけど。

山田　コンドームは基本アナルセックスの時ですよね。オーラルの時は？

篠原　基本的に使ってました。あと僕は27歳ぐらいでタチをやる方が多かったから、「ボーイの口に出したい」という客より「出されたい」という人が多かった。コンドームについてはそんな感じでなんとなく学んでいった。

山田　なるほど。２０００年ごろにはもうＭＡＳＨ大阪は活動を始めていたはずなんですが、接点はありましたか？

篠原　実はＡさんがＭＡＳＨ大阪と接点があったんです。当時、僕はひょんなことからアーティストで活動家でもあるハスラー・アキラさんとインターネット上で知り合ったんです。そして彼が書いた『売《ばい》男《た》日記』（イッシプレス、２０００年）を手に入れました。僕は「まあおしゃれ」ぐらいの感じだったんだけど、Ａさんがそれにはまって「これはいける」と。で、コンドーム必着の店をやると言い出した。でもこれはちょっと妙な話なんですよね。ハスラー・アキラはお客との合意のもとで使おうという感じなんだけど、Ａさんはお店が強制的に使わせるようにするという。で、僕の中には実際問題としてそれでお店が成り立つかどうか不安があったんですが、結局「セーファーセックス」という言葉を使ってやりはじめた。他の店から入ってきたボーイなんかの情報を聞くと、これは先駆け的な実践だった。で、流行るとは思っていなかったんだけど、なんとかやっていけた。ボーイもそこそこ集まった。

当時僕はボーイでしたが、Aさんとは僕が押し切る形でパートナーになり、ボーイとして働きながら仕事やプライベートでも協力していました。僕はそれだけでは食っていけなかったのでビデオ会社でバイトを始め。ちょくちょく遊びに行っていたバーのオーナーさんに仲介してもらってビデオにも出演しました。まだVHSの時代でネット配信がないから敷居は低かったんです。そしてそのビデオ会社のカメラでMASH大阪のイベントを撮影したり、札幌のゲイパレードで市長の挨拶を撮影したり、東京のパレードにも参加したり……。それまでゲイリブ（セクシュアルマイノリティの権利運動）とかにはぜんぜん興味無かったんだけど、気付くと巻き込まれてた（笑）。

▼経営者として橋渡し役に

山田　ウリ専の経営に関わるようになるのはいつ頃ですか?

篠原　2005年頃ですね。Aさんに「彼氏がボーイなのはちょっと……」と言われ、ボーイからマネージャーになりました。

山田　ボーイからマネージャーになったことで困ったこととかはありましたか?

篠原　住み込みの子が稼げなくて食べ物も買えなくなったり、生活保護とかの社会保障につなげないといけないケースが出てきたりしました。AIDSの発症、STIの感染とか、いろいろありましたね。2005年当時のAIDSと今のAIDSはぜんぜん違いますからね。その頃にMASH大阪にいた山田さんにお世話になりました。社会保障につなげる時とか、医療につなげるとか、とにかく生きられる状態に引き上げるとか。いろいろやっていただきました。S君の話とか。彼は優秀な科学者の卵で……。

山田　そうそう。いろいろな事情で篠原さんのお店にいて、体調が悪くなったんですよね。家族とも音信不通で、救急車での搬送には私と篠原さんが付き添いました。でも状態があんまり良くなくて。延命措置の判断など、一般的には家族がするさまざまな決定は私が代理で行いました。それが本人の希望でした。その後、ご家族とは連絡が取れるようになりました。

篠原　半年後に、亡くなったという連絡を僕がお母さんからいただきました。

山田　あとTくんとか。

篠原　19歳でＨＩＶ陽性がわかって。

山田　大学院に行きたいというので、私が院試の勉強を教えました。感染の発見が早かったので予後も良かった。今もとても元気ですよね。

篠原　あとは10代からＡＶに出ていてＨＩＶ陽性で薬物依存もあったＢくん。あの時は山田さんを通して、薬物依存者の支援団体につないでもらいました。

山田　そうでした。

篠原　ボーイの中には知的障害の人もいるし、精神障害を持つ人もいる。学歴もさまざまで、働く人が増えると、当然、ボーイの多様性も増してゆきます。困った時にはＭＡＳＨ大阪に行って山田さんに相談する。結局ＮＧＯへの相談と言っても、個人への相談になるんです。

僕は、ＭＡＳＨ大阪のコミュニティスペース「ｄｉｓｔａ」でお茶の会をやったりしていたんです。当時のゲイタウン堂山に近接する中崎町のカフェに集う人たちも遊びに来たり。要は夜の遊び場を作りたかったという感じです。そこでＭＡＳＨ大阪のスタッフだった山田さんと話すようになった。僕の場合はそれがわりと重要で、ハスラー・アキラからお茶の会へと、ＡＩＤＳとの関わりが緩やかに続いてく時期が、ボーイからマネージャーへと変わった時期と重なる。そんな中で、山田さんとは個人的に話せる関係を作ることができました。

▼ウリ専業界のこれから

篠原　男性のセックスワーカー特有の現象だと思うんですけど、経営者やマネージャーはボーイ上がりの人が多い。ボーイ頭がマネージャーになることが多いんです。だから問題もよく見える。住み込みの人の将来をどうするかという問題は本当に考えさせられます。あと、専業の人が減ってきていて、兼業の人が増えてきている。お店もかなり増えていて、店と従業員との関係がライトになってきています。お店との関係が希薄になってくると、問題が把握しづらくなる。でも問題は消えてはいないんです。

山田　最近、ウリ専で働いている人をみると、本当に多様性が増していますよね。親しい知人が去年までウリ専で働いていましたけど、話を聞くと、とても多様になっています。ノンケとゲイのワーカーの垣根もどんどん低くなってきている。アイデンティティのあり方がそもそも緩やかだし。あと10年前とくらべて、景気のよい仕事ではなくなった感じもあります。あんまり稼げない。あとスマートフォンの登場によって、ゲイ・バイセクシュアル男性の出会いやセックスのありよう自体が急速に変化しています。ウリ専のあり方も変わってくるかもしれませんね。今日はありがとうございました。

---

[1]　２０００年2月11日未明、東京都江東区の新木場公園で起こった殺人事件。14歳、15歳、25歳の3名が強盗殺人容疑で逮捕された。新木場公園は当時、ゲイ・バイセクシュアル男性の出会いの場として知られていた。容疑者は公判でゲイ・バイセクシュアル男性は襲っても被害届を出さないため、襲いやすかったと証言している。

第3部

セックスワーカーとの関わりかた

第8章

合意とは何か

性が暴力となるとき

岡田実穂

はじめに

私はふだん、ＲＣ－ＮＥＴ（レイプクライシス・ネットワーク）という、性暴力サバイバーのサポートをする団体で活動しています。２００９年に団体としての活動を開始して、ＳＷＡＳＨと知り合ったのは、２０１１年に大阪のｄｉｓｔａで開催された『セックスワーカーのいるまち』というイベントでした。それまでに相談を受けていた中に一定数セックスワーカーもいたので、その人たちの仕事についてもっと知らないとちゃんと話を聞けないなぁ、と考えていた矢先のことでした。

当初、私自身はセックスワークを「サバイバーのアクティング・アウト（行動化）[1]の一形態」だと考えていました。私はイベントでＳＷＡＳＨの要さんにその考えを話し、そうしたサバイバーが安心して働ける場所を作る必要性についてどう考えているか、と質問したと記憶しています。これに対して要さんから「セックスワークのことを性暴力と同一視して語らないでほしい」と言われて、そこからいろいろと議論をすることになりました。

私たちのような被害者支援団体のところには当然被害者からの相談が来るので、相談者がセックスワーカーであってもなくても「なんらかの被害を受けた人の話しか」聴いていない立場にあります。だからセックスワーカーの当事者団体と被害者支援団体では、発言をするときの前提条件が変わってしまい、そこに大きな誤差が出てきます。この日のやり取りもそれを反映したものでした。

考えれば考えるほど、なぜそれまでセックスワークに対して「仕事として、働く側も客も、そしている場合は雇用側も、それぞれに合意を取りながら働く」ものだというベーシックな前提を持たずにいたのか、常に被害者だという前提を持ってセックスワーカーを見てきたのか、ということが分からなくなりました。そこには、単純に、私自身のセックスワークについての無知と、スティグマがありました。セックスワーカーが性暴力被害に遭った際、セックスワーカーであるが故に声が上げられない現状があるのではないのか？　社会は、「セックスワークをすること」イコール「リスクを背負うこと」と思っていて、だからこそ「そんな仕事をしているのだから仕方がない」「そんな仕事やめた方がいい」というような声も飛び交うのではないか？　こうした問いを得て、この日から私は自分が出会った一部の人たちのことだけでなく、セックスワーク全体を見たときの労働改善とは何か、ということをより深く考えるようになりました。

この章では、セックスワークと性暴力を同一視する議論の問題点、そして性暴力を考える上で避けては通れない「合意とは何か」という問いについて考えていきたいと思います。

「セックスワークは暴力の装置」？

セックスワークは性暴力と結び付けて語られがちです。その一例が「セックスワークは暴力の装置」という言葉です。私も「なぜ性暴力の被害者支援団体が暴力装置であるセックスワークを肯定する人たちと一緒に活動するのか」とこれまで何度も言われました。セックスワーカーの中にもレイプサバイバーや性暴力サバイバーはいますが、必ずしもセックスワークをしているときに被害に遭っているとは限りません。例えば子どもの頃や、セックスワークをやめた後に被害に遭った人もいて、いろんなシチュエーションで被害というものはあります。

そもそも、セックスワーカーにしろ、セクシュアルマイノリティにしろ、被差別部落出身の人や障害のある人、ＨＩＶポジティブの人にしろ、いろんな人が私たちの周りにはいます。セックスワークをすることで暴力の被害に遭っている人ももちろんいますが、それに限らずどんな人だって、それぞれに性暴力被害に遭う可能性があります。いろんな被害の中で性暴力の被害者だけは特別に、シスジェンダー／ヘテロセクシュアルの女性しかいないということはあり得ません。

どんな場所に生きていても、どんなセクシュアリティ、ジェンダーでも、どんな職業であっても性暴力被害に遭う可能性があるとすれば、その中でも社会からの偏見や差別が原因で助けを求めにくい人たちのところに、より多くの情報を届けたいと思うのは当然のことです。だからこそ、何かあっても声を上げにくく、支援の情報も届きにくいセックスワーカーに関して、きちんと取り組みをしなければいけないと思って私は活動しています。

そうしたことを踏まえ「セックスワークは暴力の装置」と言う人に聞きたいのは、「婚姻は暴力の装置」とは言わないのかということです。例えばDV（ドメスティック・バイオレンス）で3日に1人の女性が殺されていると日本ではよく言われます（男性（夫）や婚姻関係にない同性間でも、DVによる殺人はありますが、国内では多くの調査に数として出てきません）。このデータを前に、「結婚なんかしたら危ない」とは思わないのでしょうか。何にしても、たくさんの女性が日々亡くなっているわけで、「暴力の装置」どころか「殺人装置」とも言えます。

結論としては、「それを言ったところで仕方がない」のではないでしょうか。たくさんの被害があるからといって、何も婚姻全体が悪いわけではありませんし、婚姻を必要としている人たちがいるのも事実です。ただその中にDVがあるというだけです。セックスワークも同じで、セックスワークが暴力の装置だと言う前に、セックスワークの中にある不安全な部分、そして、それらの要因を解析していくことで見えてくる社会的課題を解決していきましょうというのが、私たちの立場です。

勝手に名付けることの暴力

次に、セックスワークの中で起きることを「被害」と名付けることの問題点を見ていきます。セックスワークの現場に性暴力の被害が存在するのは事実ですが、かといってセックスワーカーにとっての現実は被害だけではありません。例えば、日常的にパソコンばかり使う仕事をしている人が、それが原因で視力が落ちてしまったり、それを理由として重篤な病気を発症したとします。このようなとき、「パソコン仕事は人権侵害」「パソコンを使わせるのは虐待だ」と全てのパソコン仕事を規制しよう、とは通常言われません。「1時間に一度は休憩を取ろう」「ブルーライトを防ぐカバーをしよう」といった具体的労働改善が行われるのが普通です。もしくは労働者が重篤な病気を発症するような職場環境を恒常的に生み出している職場、その個々について規制される必要も、もちろんあるでしょう。労働問題ではその事案毎の個別性を見ていく必要性を多くの人が感じるでしょうが、一方セックスワークの現場で生じる問題は簡単に「被害」と名付けられています。

「セックスワーク」と「被害」をすぐに直結して考えだすと「被害者探し」のような状況を生み出すこともあります。まだまだセックスワーカーの被害についての前提が共有されていない社会の中で被害を社会に対して訴えるためには、「当事者の声」が求められます。そこで、職場でのパソコン作業の結果重篤な被害を被っている人たちを集めて「こんなことになっているのだから、パソコンの廃止を！」と訴えるように、被害に遭ったセックスワーカーを集めてセックスワーク全体を否定する、という状態が起きやすくなります。そのとき、「セックスワークの全体像」を把握するために個別性を見ていく、という過程は、「セックスワークは被害である」という前提によって省略されてしまいます。結果として、セックスワーカーの声、ではなく被害に遭ったセックスワーカーの声を集約することになり、多様な労働者の声によってニーズを洗い出す作業ができず、全体像が覆い隠されてしまうのです。被害者への声かけやサポート体制の構築はとても大事ですが、それに終始してしまっては「被害を発生させない／危ないと思ったらすぐに助けを求められるシステム」を作ることには寄与しないどころか、より被害を深淵化させてしまうことにも繋がります。

当事者の声というのは非常にパワフルで、社会変革に欠かせないものの一つでもあります。したがって、政策提言の際など、提言者は自らの提言事項に沿った、自らの主張を強化するための当事者を探します。もちろん、そこで声を上げる当事者たちは、より強い思いで、自らの経験から他の当事者のためにもと社会変革を望んでいるわけです。そこで、より現実的に考えなければいけないのは、そうした当事者たちの多くが、さして支援体制もない中、無理解な社会の中で立ち上がり、傷つけられ、消費されてしまうようなことが各所で起きているという事実についてです。当事者を矢面に立たせるならば、その前にちゃんとその人たちに安全な場所を作らなければ、と思うのが私たちの立場でもあります。被害者であるという名付けを固定化する以前に、私たちは、例えば「セックスワーカー」が持っているニーズを洗い出し、私たちに何ができるのかを一緒に考えていく。そのために、「被害者」のみならず労働者としてのセックスワーカーを政策提言のテーブルにつかせる必要があります。

名付けることの問題は、「性暴力被害者」という言葉についても同様です。性暴力について発言する際、一般化すればするほど、そこから排除される人たちが出てきてしまいます。「いわゆる」女性の性暴力サバイバーを想定して「性暴力とは何か」を話せば、セクシュアルマイノリティや男性たちの被害は矮小化されます。また「性暴力被害者」と一括りに語るのは簡単ですが、私たちは「被害者」という名前で生きる一つの生物ではありません。性暴力があった、いろんな被害があった、そこを生き抜いてきた力を持った人間たちであり、さまざまな場でエンパワーされるべき存在です。「あなたは被害者だ」と勝手に名付けられるべきではない。自分の名前は自分で名乗りたい。そう私自身は感じています。

セックスワーカーに対しても「あなたは被害者だ」と名付けることなど本来はできません。大事なのはどう呼ぶかよりもその人自身がちゃんと生きる力を発揮できるかどうか。もし被害があったのであれば、被害を被害だと本人が認識するのを手伝うことくらいしか支援者にはできません。

私たちが当事者としての活動をするときに一番大事にしているのは、こちらにとって都合が悪い言葉だろうが、耳が痛い言葉だろうが、「本人たちの名乗りを尊重する」ことです。勝手に名付けることが暴力的なのは、そこに相手への「尊重」がないからです。自分たちが一般化してしまっているさまざまな事柄の背後にいるそれぞれの人を思い浮かべながら、目の前にいる相手を尊重できているか。私たちはまずそのことをしっかり考えなければいけないのです。

合意とは何か

こうした「尊重」について考えていく上で「合意とは何か」についてお話ししたいと思います。ここでは特に、性暴力被害についての語りの中で伝えて来たことを中心に、性的合意についての確認をします。他者に対する尊重が合意の重要なベースになるということはこれまで書いてきた通りですが、他にもさまざまな要件があります。よく言われる性的合意の要件は以下のようなものです。

・精神的／知的／体力的な差がない
・互いに性交における結果（妊娠や性感染症の可能性）を含め理解している
・望まれる避妊や感染症予防をしている
・子どもに対してではない
・判断を覆す自由がある

一見分かりやすいようですが、実はこうして語られる「一般化された合意」からは多くのものが排除されています。

例えば、一つ目の「精神的／知的／体力的な差がない」という要件に関連して「障害者や子どもは性交をさせていいのか」という議論があります。私も障害者施設における性交に関する指導について、精神や知的障害者への性教育をどうしたらいいか、もしくは性交について教えるべきではないのではないか、という相談を受けますが、そもそも、性交をする／しない、望む／望まないという選択をすることは個人の権利なのですから、他者が侵害していいはずがありません。そのような権利の制限を良しとした結果が、優生保護法による強制堕胎を容認する社会を生んだわけです。

また、こうした議論の背後に見え隠れするのは、社会にとってふさわしいと思われる性交を定義したい、という意思です。私は「問題が起きない性交とは何か」という発想が、「合意とは何か」という思考に反映されているのではないかと思うことがあります。

性交を双方向で同意するためには、例えば双方に「精神的／知的／体力的なギャップがある」場合には、それらのギャップを補う明確な説明や対応が存在している必要性があります。例えばセックスによって起こりうる事柄を理解しているか。していなければ、相手に分かるように伝えた上で「合意を取った」ということが必要になってきます。それらを丁寧に伝えていくには労力を要します。「セックスするたびにそんなことできるわけない」「現実味がない」などと言う人もいますが、何もセックスをする直前に全ての合意形成のステップを踏むわけではなく、その前の段階で合意のための話し合いをすることは可能ですし、それは確実に必要な労力です。それぞれにとって適切な場所やタイミングで、それぞれ理解した上でセックスをするべきなのです。

ただし、合意を突き詰めて考えていくことは非常に難しい議論を伴います。法的な合意要件を設ける際には、法律や条例等によって保護される年齢であるか否か、それに加えて、どの程度までの年齢差を許容しそれ以外を排するのかという議論も必須となります。また、「互いに性交におけるリスクを認識していること」という要件を設ける場合、例え検出可能以下のウイルス量であったとしても、ＨＩＶに関するステータスを告げた上で性交の合意を取るべきであるという議論もあります[2]。性交をする際にどこまでの申告義務を課すのかというのは非常にセンシティブで、慎重に考えなければいけない問題です。

失った合意を取り戻す

続いて、性暴力サバイバーにとっての「合意」の意味を考えていきましょう。性暴力被害というのは、「合意のない性的な言動」があるときに生じると言われます。要は「合意」の有無のみが、性暴力か否かをジャッジする唯一の指標になるわけです。したがってサバイバーにとっては、その失ってしまった「合意」を再構築していく過程が、とても重要なものになります。

性暴力への反応には①急性期、②否定、③再構築と統合、④トリガーによる想起という４段階があるとされています（ＲＴＳの指標による）[3]。

①の急性期では、さまざまな種類の強烈で急性的な苦痛を体験します。身体的な外傷に苦しんだり、パニック症状・睡眠障害・過敏になったり、罪悪感・無力感・倦怠感・恐怖感・屈辱感・怒

り・恥などのさまざまな感情を抱いたり、懐疑的・防衛的になったりもします。

また、被害について無感覚に陥ってしまう、「フリーズ」という状態もあります。例えば道を歩いていたらいきなり横から自転車が飛び出してきて、固まってしまった体験はないでしょうか。ブレーキの音が聞こえるその横で動けない。心臓が痛い。私たちの身体は「想定を超えた出来事」を自らの中で処理するためにフリーズします。そして、その想定を超えた出来事を自ら処理できないとき、アイディンティティの危機に曝されることもあります。

被害を被害と名付けていい状態というのは、この急性期のときだけだと私たちは考えています。身体・精神的な負荷があまりに大きく、健康を著しく損なっていたり命の危機に瀕しているとき。本人がそれと認識しているかどうかにかかわらず、具体的な暴力行為や犯罪行為があるとき。本人による意思決定ができない状態だが、社会的に保護しなくてはならないことが明確なとき。

このときばかりは、医療機関・警察・救急・当事者団体は、当事者への最大限の尊重を持ちながらも人命の保護を軸として、被害と加害を明確にしなければいけません。ここでは名付けるも名付けないも、とにかく「それは被害だから、ちょっと話そう」「それは加害だからやめましょう。警察を呼ぶよ」といったことをきちんと判断して表明する必要があります。

このように考えるとやはり、セックスワークと性暴力を語る上では、セックスワークの実態を正確に知っておく必要があります[4]。例えば、どういう働き方をしていて、店との関係はどうなのか。支払いの状況はどうなっていて、どんな契約をしているのか。今の状況は、通常のものと比べてどうなのか。困ったときにどんな選択肢が用意されているのか。こうした文脈が分かっていないと、その人が置かれている状況が何を意味するのか、的確な判断を下すことはできません。

被害というのは「被害に遭ったそのとき」だけではなく、その後もいろんな複合した形で起こってきます。身体的な傷だけでなく、心的な外傷を負うこともあります。例えば、性暴力被害に遭ったときに、触られた身体の部位や、そのときに居た場所、匂いなど、さまざまな記憶が残ります。精神的なダメージは身体機能とも相関していて、「心の問題」と曖昧にやり過ごせるようなものではありません。また、より捉えにくいのが、社会的な問題です。経済問題や、人との関係性の中での問題（特に、長期的な被害経験を有する人の多くは他者との関係性に不安を感じることがあります）など、より見えにくい周縁的な部分にまで問題が広がっていくことがあります。これらの問題は一つひとつがそれぞれに大切で、互いに影響しあっていますが、社会が思い込んでいる「性暴力被害」はこれよりもずっと狭く限られたものです。

「寄り添う」という言葉が、被害者支援などでは多く使われることがありますが、正直、この「寄り添う姿勢」を嫌悪的に捉えるサバイバーも実際には多くいます。実際に困難があり、それらの解消をしたいのであって寄り添われたくない、という人もいます。その際は比較的ドライに事柄についてのサポートや情報提供をしますし、とにかく気持ちの整理をしたい、受け入れてくれる人、寄り添ってくれる人が欲しい、思いを共有できる場所が欲しい、という人もいて、その際は、できる限りサポーティブに関わりを持てるようにしています。さまざまな人たちがいるけれど、現実的にその人たち一人ひとりの状況はその時々で変化もします。結果的に、その時々で本人たちが求めているものをしっかり聴きながら、サポートに向けた〝ストーリー〟を一緒に構築していくことが必要です。一つひとつ確認して、「じゃあ、話すのはしんどいから、メールで時系列で何が起きたか確認していこうか」とか「一回会って、一気にまとめるか」とか「今は具体的なこと話さないで、とにかく、たまに会える場所があればいいかな」とか。即座に必要な資源と、中長期的に必要な支援も違うし、また、それらを決定するのは常にサバイバー一人ひとりでしかないわけです。私たちは、いつでも当事者たちそれぞれにあった〝ストーリー〟に必要な選択肢を提示するわけです。

サバイバーが、自分は相手と合意を取ってちゃんと関係性を築くことができるのだという思いを身に付けていくためには、サバイバーに対してあなたは尊重されるべき人なんだということ、「合意形成」や「尊重」とはどういうことなのかを伝えられる社会が必要です。サバイバーだけではなく広く社会全体、本当に、全ての人に対して、「合意」とは何であるかを浸透させていく必要があります。

日本の法律における「合意」の広さ

最後に、これまでの話を踏まえて、日本の性暴力に関する法制度の現状を見ておきましょう。日本には、性犯罪に関する法律の代表格に刑法第１７７条の強制性交等罪（旧強姦罪）というものがあります。この法律も、合意のない性交を禁じる法律ですが、「抗拒不能なまでの暴行脅迫があったこと」を犯罪の要件としています（暴行脅迫要件）。「抗拒不能＝抗うことができないほどの暴行や脅迫」というのがどういうものかすぐに想像できる人はどれくらいいるでしょうか。そこまでのことがなければ、この国は性暴力を認めません。「性暴力」に抗拒不能なまでの具体的暴行がなかったら、「合意があった」とされてしまうのです。合意というものが非常に広く考えられていることが分かると思います。

そして、日本の法律のもう一つの問題点は、被害を訴え出る人の過去の性経験や仕事などを裁判等で取り扱うことが否定されていない点です。例えば、セックスワーカーが被害を訴え出た際には、その仕事が事件と関係があろうがなかろうが、「合意をしていたかどうか」の査定に響く可能性があるということです。

典型的な事例として、モデル・コンパニオンをしていた女性がディスコで知り合った男性に強姦されたとして訴えた件で、女性の仕事を理由に彼女の貞操観念を疑うような発言が裁判の中でされたということがあります[5]。この裁判では「一般人から見ればかなり派手な経歴の持ち主」「告訴をするか迷っていたという時期に、自宅を訪れた交際中の男性がアダルトビデオを見るのを咎めずに許容した上、自らも鑑賞しているかもしれない」「法廷での証言においては概ね上品な言葉遣いや態度に終始していたが時折馬脚を現す言葉遣いをしており……」「慎重で貞操観念があるという人物像は似つかわしくない」という発言が認められ、明確な差別や偏見の中、裁判は被告人無罪という形で幕を閉じました。現行の法律では、その人がどういう性生活を送ってきたか、その人がどういう仕事をしているかといったことが、裁判の中で重要な証言として認められるわけです。

このように、セックスワーカーが性暴力の被害に遭ったことを主張・立証するハードルは高く、したがって、性暴力被害に遭ったことが私たちから見れば明確でも、この性犯罪規定は使えるものとは言えません。これは、２０１７年に強姦罪が１１０年ぶりに改正され、強制性交等罪となった今も同じです。暴行脅迫要件は残っていますし、被害を訴えた人の性生活・仕事などを裁判に持ち込んでも良いということも変わらないままです。だから新しい法律が必要なのだという人もいますが、本当にそれで良いのでしょうか？　この強制性交等罪の背後にある、合意をめぐる「法的意識」が、すでに間違っているのです。「合意とは何か」について、司法がまず考え直さなければ、「社会的な意識の変革」への道は、非常に遠くなってしまいます。当事者にとって利用可能な規定にするためには、まず「合意とは何か」をしっかり考え明文化し、法律を適正に改正しなければいけません。

性はそれぞれが決めるもの

法律を筆頭に、規範というものの多くは私たちの社会・文化のありようそのものです。「可哀そうなセックスワーカーだけを救済する」という上から目線を許してしまうと、もの言うセックスワーカーは理解を得られず、社会におもねらなければ被害すら認めてもらえなくなります。まず目の前の人を尊重する。それを、社会全体の意思とするにはどうしたら良いでしょうか？

「性」というテーマは特に自分の価値観が強く影響します。自分のセックスは間違っていないと思いたいし、自分の価値観からかけ離れているものを見ると「どうしてそんなことを⁉」と思うかもしれません。自分には性に関する価値観がありそれが思考に影響しているということ、目の前の人にもその価値観はあるのだということに気づきましょう。そして、性に当たり前なんていうことは本当はなく、何より性は誰に決められるものでもなくそれぞれに決定権を持つものなのです。誰かが決定権を持ってしまうと、そこには暴力が発生します。「セックスワークは暴力の装置」という言葉も、性のあり方を一方的に決定している点では同じです。私はその「暴力装置」という言い方をする人に言いたい。あなたがたが暴力をはたらいているんだって。

性によって尊厳を侵害されることがあってはなりません。性は多様であり、その一つひとつへの尊重こそが人権というものです。セックスワーカーも性暴力サバイバーも、私たちはずっと一緒に生きているし、必要なのは特別な配慮ではなく、個々の性のあり方への尊重です。何度も言いますが、それが「合意」ということを考える、最初の一歩です。一緒に考えていきましょう。

[1] 行動化（アクティング・アウト）とは、大きすぎる苦痛等から心身の関心をそらす目的で防衛的に別の行動（自傷行為、過度な性行為、薬物・アルコール等への依存、「非行」とされるような問題行動等）をとること。

[2] カナダでの合意法制定に関しては、多くのカナダのフェミニストや実務家が関わり、その定義などについての話し合いを重ねて来ました。セックスワーカーに対する暴力をどのように規定するか、ファミリーバイオレンスを許されざるものであると明確にするためにはどうするべきか。そうした中で、まさに望まれて誕生した法律ですが、合意の定義を厳密にしていく中でどうしてもこぼれ落ちてしまったものの一つがＨＩＶステータスに関わる問題です。現実として、ＨＩＶステータスの不申告によって取り締まられたケースは無く、するべきでもないというのが全体的意見だということですが、そうした法規定が「ある」ということもまた一つの事実であり問題となっています。

[3] ＲＴＳ（レイプトラウマ症候群）とは、性暴力被害に遭った人たちの被害直後から長期に渡る被害の影響について示した指標のことです。ＰＴＳＤとは違い性暴力に特化した指標であり、これらの症状を疾患として位置付けるのではなく、性暴力という圧倒的な出来事に対して当たり前に起こり得るものとして説明した点で、ＰＴＳＤの概念が台頭している今でも、性暴力サバイバー、そしてサバイバーに関わる多くの人々によって支持され続けています。

[4] 私たちは性暴力について多くの勉強をしていますが、特に日本では、サバイバーたちを属性で捉えるということがあまり行われてきませんでした。これはアメリカでワンストップセンターを運営している人たちの研修を受けた際の話ですが、プログラムの一つに「ＬＧＢＴＱコミュニティと性暴力」という研修がありました。その中で講師が「みなさんはＬＧＢＴＱコミュニティについてどれくらい知っていますか？　サバイバーたちの居場所であるコミュニティを知らなければ、相談は聞けません。女性が暮らす環境を知らずに女性の相談が受けられますか？」と話していました。セックスワークについても同様で、セックスワーカーのことを知らずにセックスワーカーの相談は聞けません。それぞれのコミュニティを知るということも、尊重への一歩です。

[5] 東京地裁平成６年12月16日判決。判例時報１５６２号１４１頁。

第9章

当事者とどう向きあうか

セックスワーカーと表現

げいまきまき

はじめに

こんにちは、げいまきまきと言います。私の肩書きは「女優パフォーマー元セックスワーカー」です。ぱっと読む限りだと、ものすごくうさん臭いと思います。でも、この三つがスラッシュを入れずに並んでいることが大事です。私個人の中で大事なだけではなく、これを並べて表示することも表現の一環だと思って、このように名乗ることにしています。

どれも互いにかけ離れていないぞ、ということの表明です。

私は30歳の時から7年間、セックスワーカーでした。ＳＷＡＳＨとは相談者として出会い、その後２０１２年ごろからはメンバーとして活動にも参加しています。今は女優として舞台に出演したり、自分でパフォーマンス作品を作ったりしています。

この章では、「女優パフォーマー元セックスワーカー」という立場から、表現者がセックスワーカーを扱う時にどのようにして当事者と向きあえば良いのかということを考えていきたいと思います。

当事者不在の表現

この数年、「セックスワーカーを扱った表現」が問題になることが立て続けに起こっています。例えば２０１４年12月にネット上で公開された写真家の大橋仁へのインタビューの中で、彼が２００７年ごろタイの歓楽街の撮影禁止エリアでセックスワーカーをゲリラ撮影し、その作品が東京都写真美術館で展示されていたことが語られました。

「もちろん、彼女たちにはいろんなバックボーンや過去のストーリーがあるわけだけど、そういう私的なことをすべて度外視した『人として・生き物として・肉としてのエネルギー』をビシッとくらったんです。理性とか知性とか全部ふっとばしちゃってもなお減衰しない圧倒的なパワーを、問答無用に浴びせかけられたんです。」

「撮影はそうそう簡単にはいかないわけですよ。だって、文字が読めない人にでも撮影禁止であることが分かるように、カメラのイラストの上に大きく〝ばってん〟を記したシールがそこかしこに貼ってあるんだから。

でも俺はそこにカメラを持ち込んでぱちぱち撮るわけ。しかも暗いからフラッシュたいちゃってね。もちろん、女の子はそれに気付くとパニック状態。しかも、何枚も何枚も撮り続けるから逃げ出しちゃうし。そうすると用心棒みたいな男たちが向こうからどしどし走ってきて『何やってんだお前?・』って。[1]」

このインタビューの内容を受けて、日本のセックスワーカーや活動家などから、写真家本人や美術館に抗議の声が届けられました。[2] これらの抗議の結果、写真家自身からはこの作品は今後展示しない旨の声明文が出されました。[3]

また2016年1月には、京都市立芸術大学が運営するギャラリー@KCUA（アクア）において、展覧会に付随した『88の提案の実現に向けて』というワークショップ[4]の一環として、事前の打ち合わせなしにギャラリーにデリバリーヘルスのサービスを呼ぶことが企画され、大きな問題になりました。これについては私自身も直接関わっているため、後ほど詳しい経緯と問題点を述べます。

この二つの事例は、セックスワーカーが歓楽街に居る姿を無断で切り取ったり、逆にギャラリーという通常はセックスワーカーとして姿を現さないところに呼ぼうとしたりと、観客の前にセックスワーカー本人やそのイメージを前置きなくぱっと露わにするやり方を取っています。この点で、いずれもセックスワーカーの表層面を利用している印象を受けます。

問題は、どちらの事例も、作品制作やその手前の計画段階にセックスワーカー自身が主体的に参与していないという点です。明らかにセックスワーカーがフォーカスされているのに、作家との関わり方や扱われ方が即興的というか、ドッキリ的というか。

「あなたのことを扱いたいのですが、あなたには知らせません。あなたの意見は事前には聞きません。でも表に出るのはあなたです。なぜあなたを選んだかというと、あなたのお仕事のイメージが刺激的だからです」って、ちょっと考えると、直観的に「マズいな、やばいな」と思わないでしょうか。

こうした当事者不在の表現が、なぜ、どのようにして起きてしまうのか。私が遭遇したギャラリー@KCUAのケースを元に考えていきましょう。

ギャラリーにデリヘルを呼ぶ!?

2016年1月の終わりの休日。アートマネージャーである友人のAさんから私に電話がかかってきました。共通の知人で、ギャラリー@KCUAのキュレーターBさんから頼みごとがあるとのこと。

Aさん「Bさんから、展覧会のワークショップにデリヘルを呼びたいって相談されたんだけど。どうも業界のウラ話を聞きたいみたい。」
私 「いつ？」
Aさん「今日。」

嫌な予感がしました。いきなり「ウラ話」を話してくれと人づてに頼むこと、「話を聞きたい」のに当日頼むこと。この2点だけを取っても、興味本位さと考察の少なさが読み取れました。その日は他に予定がありましたが、それまでにまだ時間があったし、たまたまギャラリー＠KCUAの近くに居たので「行く」と返事をしました。そして状況がよく分からないなりに、主催者は日本におけるセックスワーカーへのスティグマ（偏見）について無知なのだろうと推測し、ギャラリーで話すことを電車の中で組み立てました。

「セックスワーカーが自分の仕事を打ち明けているのは平均2人だという調査があります[5]。しかもその2人というのは同僚や店のスタッフです。つまりセックスワーカーはその仕事を人に知られたくないし、バレることによるリスクがあるのが現状だから、公共の施設でもあるこのギャラリーにデリヘルを呼ぶのは問題です」と。主旨は単純明快で、説明すれば10分ほどで終わるだろうと、会場に着く前は楽観的に捉えていました。

会場へ着くと、キュレーターからの説明も事前の打ち合わせもないまま、いきなりギャラリーの中央に通されてワークショップが始まりました。その場に居たのはワークショップを企画したアーティスト・ワークショップ参加者・キュレーター・芸大の先生と、合計7〜8人でした。

会場の壁にはワークショップの内容が掲示されており、「デリバリーヘルスのサービスを会場に呼ぶ」という項目の横に矢印と「ただいま実行中」と書かれた紙が貼ってありました。展覧会ですから、誰でも出入り自由な空間で、写真撮影も自由でした。

デリヘルを呼ぶことは、事前にギャラリー＠ＫＣＵＡのホームページにも記載されていました。しかしそのワークショップを考えたアーティストとワークショップの参加者は、実際にデリヘルのホームページを閲覧してみて「どうやらそんなに簡単に呼べるものではない」ということが分かったようなのです。それで、その場に居たキュレーターは、元セックスワーカーの知り合い（私）のことを思い出し、紹介してもらうべく前述のAさんに電話をしたというわけでした。

私は参加者に向けて「この企画がなぜ問題か」を話しました。先に書いたように、すぐに決着がつくことだと本気で思っていました。しかし実際にはその後2時間半にわたってギャラリーで話し続けることになりました。

かみ合わないやり取り

私がデリヘルを呼ぶことの問題点について説明し終わると間もなく、ワークショップ参加者は

『表現の自由』や『アーティストの自由』はどうなるのだ?」と口々に繰り返しました。当時、ツイッター上では「ヘイトスピーチは表現の自由かどうか」をめぐって多くの議論がありました。この議論を通して、私は「何でもあり」を許してしまうと人命や個人の尊厳を侵害する事態を引き起こし、ひいては表現の自由そのものを掘り崩しかねないと考えるようになっていました。そこで私は「マイノリティの人権を無視して作品を作ることは表現の自由ではない。自由とは何でもありとは違う」という意味で、「出ました、表現の自由。死ね」と答えました。

逆に私が「そもそもなぜセックスワーカーを呼びたいのか?」と尋ねると、彼らは一転して沈黙しました。折を見ては訊き直し、結局5回ほど尋ねました。1回目の答えは、沈黙。2回目は「ラーメン屋でも良かった」。3回目は「セックスワーカーでなくても良かった」。4回目は「ポーランドのアーティストがギャラリーに呼んでいたから[6]」。5回目は「本当は呼ばなくても良かった」。このいい加減な返答から、彼らがセックスワーカーを呼ぶ理由を真剣に考えていなかったらしいことが窺えます。

私はなぜ今回の企画が問題なのかをどうにか分かってほしくて、セックスワーカーが置かれている現状について講義しました。このような講義は、本来なら講師として大学やイベントなどに呼ばれ、事前に打ち合わせを重ねて構成を考え、謝礼も保障されるべきものです[7]。

私はまた、少しでもアート関係者が実感できそうな話をしようと、風俗街の浄化にアートが用いられた横浜の黄金町の事例[8]を引きました。今後も東京オリンピックに向けて、ホームレスの人が集まる場所や風俗街の浄化作戦が行われることが予想できます。その時、その町の当事者の声がアートの名の下にないがしろにされることのないよう、私も創作をする者として反対したいし、皆さんにも一緒に行動するとまではいかなくてもお囃子くらいはお願いしたい、と訴えましたが、鈍い反応しか返ってきませんでした。

話し合いは平行線のまま2時間以上が経ち、さすがに皆疲労してお開きになり、キュレーターやアーティストからの何の挨拶もなく私は帰路につきました。結局元々の予定はキャンセルしました。そして一日の終わりの気晴らしとして、その日にあったことをツイッターに書き込んで寝ました。起きたら、この件でツイッターは炎上していました。

事件への反応

ツイッター上には様々な意見がありました。そのほとんどは「表現の自由」が「何でもあり」だと誤解されていることや、「表現することの結果が誰に何を引き起こすのか」が考慮されていないことへの危惧や批判でした。一方で、一部の芸術に携わる人たちは「表現の自由」という言葉を繰り返すほか、「(こうした抗議は) 窮屈」「芸術は差別する」等といった言葉を並べていました。

こうした反応を受けて、私は友人たちと一緒に、事件の経緯と問題点などを記した声明文『わたしの怒りを盗むな』(http://dontexploitmyanger.tumblr.com/) をネット上で発表しました。この声明文を作成するためのやり取りは主にＬＩＮＥ上で重ねました。私が実際に経験したことに関する部分は、この友人たちと直接顔を合わせて、一連の事実経過を確認しあいながら作成しました。この時直接会って話せたことは、事件にショックを受け動揺していた私の情緒の健康にとってても大事なことでした。こうしたことが可能だったのは、メンバーの多くが市民運動の経験者だったからだと思います。この声明文はコラム集のような形になっていて、アーティスト・社会学者・性教育の専門家など様々な方の視点から成り立っているので、ぜひご覧ください。

この声明文は多くの人に読まれ、話題となりました。また、この事件自体も表現と倫理をめぐる問題としていろいろなところで取り上げられ、オープンディスカッションが開かれたり、各種媒体に記事や論考が書かれたりしました。

しかし、一連の議論の中で当事者である私に対して事実確認が行われることはほとんどありませんでした。例えば、幾人かの社会学者がこの件について考察を発表していましたが、自ら取材をしていないためか、私がデリヘルの仕事中に呼ばれたと解釈したまま書いてあったり、ほんのり事実が歪んでいるものもありました。また、この事件が新聞記事になった際にはさすがに取材はあったものの、掲載前の原稿確認はありませんでした。このように、事件が議論や対話のきっかけになる萌芽はあったものの、他方で当事者としては、一方的にネタにされたという感覚もぬぐえませんでした。[9]

想像のために現実を知る

ここまでギャラリー@ＫＣＵＡで起きたことと、その後の反応を見てきましたが、一番の問題点とは何だったのでしょうか。私はこのワークショップを企画し、関わった人たちが、当事者に向きあおうとしなかったことが一番大きな問題だと考えています。

世間の興味や関心が、社会的に辺境に位置するマイノリティに向かうのはよくあることです[10]。そこでは、自分とは違う立場にある人びとへの好奇心と、その裏返しの恐怖心がない混ぜになっています。こうした感情は往々にして、「目の前にいる人の声を聴く」という当たり前のことを難しくし、当事者不在の事態を招いてしまいます。しかし、自分の姿や発言が、同意や確認もなく公にされたり、自分にとって不本意な形で取り上げられたりすることを、いったい誰が我慢できるでしょうか？

ギャラリー@ＫＣＵＡにデリヘル嬢を呼ぼうとした人たちは、セックスワーカーという「特別な人」を呼ぶこと自体が目的化して、そもそもデリヘル嬢がどんな風に働いているのか、自分の仕事をどういう風に思っているのか、どんなリスクを抱えているのかといったことに想像が及んでいませんでした。しかし、本来は丁寧に当事者と人間関係を築き、何が問題になるのかを整理した上で初めて、自分たちの表現が実現可能かどうかを検討するべきでした。その段階で当事者からダメ出しをされ、方向性を変えたり、計画を中止することも当然あり得るでしょう。

また、今回のケースでは、実際に当事者から抗議があった時に、それに正面から向きあわなかったのも問題です。特にマイノリティの当事者が抗議をする時は、社会的に弱い立場だとみなされ、「待っていればいつかは抗議が鎮まるだろう」とたかを括られることがあります。今回の場合は声明文を出したことで議論の場が開かれていきましたが、それがなければどうなっていたでしょうか。[11]

当事者とともに何かを作るには、まず何より、相手をよく見て、相手の声に耳を傾けることが求められます（そこには沈黙や、ささいな身振りも含まれます）。私も他人を自分の作品のモチーフにしたことはあります。その時は、本人から特別に話を聴くための時間は設けず、ひたすら個人と個人の関係を辿りました。例えば、一緒にご飯を食べる、どこかへ行く、たわいもない会話をするといったことです。そして作品を作る時は、その人物や立場をそのまま現したり、本人の姿や聞いた話をそのまま利用することはしませんでした。むしろ、一緒に過ごす中で私がその人に影響を受け、その人のエッセンスが作品に流れ込むというようなことだったと思います。その段階で、直接のモチーフである人物は、他のいろいろなモチーフと混ざります。そのように、「この人がモデルである」と簡単には説明できないまでに混ぜ合わせるのが、結果的にはですが、私が他人を作品の中で扱う上で責任を持てる範疇なのでした。

創作に想像力が必要ないとは言いません。しかし、想像力を得るためには、むしろまず相手の生きている現実をしっかり知ることです。その上で、自分の表現が何を引き起こし得るのかをなるべく多方向から思案し、表現した結果を引き受けること、それが当事者と向きあうということです。

創作対象への責任の取り方

さて、ここで少し角度を変えて、セックスワーカーを扱った表現の中で、私が観た良い例をご紹介したいと思います。

本章の冒頭で言及した、タイのセックスワーカーを撮影した写真家・大橋仁は、セックスワーカーを題材にした理由について「肉のパワー」を表現したかったと同じインタビューの中で語っています。また、ギャラリー@KCUAのワークショップでも、アクション表に「マスターベーションをする」というものがありましたが、実際に実行したのかと参加者に聞くと、やっていないということでした（自分たちではリスクを取ろうとしなかったにも関わらず、デリヘル嬢を会場に呼ぼうとしたのです）。

性的なことや、周縁的な立場に置かれた人はなんとなく「魅力的な表現」のネタになりそうだ。セックスワーカーはその点、性行為や裸を人に提供もしているのだから自分もネタに使っていいだろう、と彼らは考えたのでしょう。「肉のパワー」と言っても彼らが使うのは「他人の肉」であり、そこで生じるリスクはあくまで「他人のリスク」なのです。それでは、セックスワーカーを扱った表現がこのような一方的な搾取にならないためには、何が必要なのでしょうか。

ソフィー・エブラード（Sophie Ebrard）という、ヨーロッパを拠点に活動している写真家がいます。彼女は元々ファッション誌の商業カメラマンでした。彼女はポルノ映画についての作品を撮りたいと思っていました。ある日バーでポルノ映画の監督に出会い、自分の構想を話したところ、「それなら一度、撮影現場に」と誘われます。そして撮影現場で写真を撮ることになり、それらの作品はアムステルダムで開かれた大規模な写真の祭典「unseen」で初めて展示されます。

しかしその展示場所はギャラリーではなく、彼女の自室でした。このことから、撮影対象のポルノ女優・俳優だけでなく、彼女自身もリスクを取っていることが分かります。

私が彼女の展示を観たのは、２０１７年に京都で開催されたＫＹＯＴＯ ＧＲＡＰＨＩＥという国際写真祭で同作が出展された時のことでした。部屋の電話の受話器からは、ポルノ女優・俳優が読む、人を勇気づけるような内容の詩が流れます。勃起した性器があまりに露出された写真には、触り心地のよい布がカーテン状にかかっており、鑑賞者は自分の判断で見続けたり止めることが可能です。

ほとんどの写真では、「ポルノ映画の撮影は一つの職業の現場である」ということが、適度な距離を保ちながらも美しく表されていました。例えば、パラソルの下で台本を読む女優、衣装にアイロンをかける俳優。至近距離で撮影された写真はあまりなく、見つめる・見つめられる関係性の中に、相互の反応があったことが感じられます（至近距離は足元のアップ等、体のパーツだけを写したものが多い）。

彼女は作品に関する取材の中で、「ポルノ産業も職業である」ということや「性教育がいかに大事か」についても発言しています。

私はポルノ映画の制作においては非当事者である彼女が、作品制作とその後の展示、そして作品についての作者としての発言においても、創作活動と創作対象に対する責任を両立させていることに感銘を受けました。元セックスワーカーとしても、創作する者としても、とてもうれしく勇気づけられました。日本にいると、まだまだここに書いたような発言は黙殺されます。でもこの現在、ヨーロッパにはこういう人もいる。希望です。

「ツッコミ」に向きあい続ける

本章を読んで、「ああ、セックスワーカーを表現の対象に扱うってなんて難しいんだろう」と思った方もいると思います。しかし、私は「セックスワーカーを扱うな」と言っているわけではないのです。ただ、扱い方は熟慮されるべきだし、その際には当事者としっかり向きあってほしいというのが、私の主張です。

表現者とは常に「開かれた存在」であり、自分が発表したものが批判されたり、無視されたりすることもあります（これはキュレーターにとっても同様です）。どれだけ慎重に事を運んだとしても、問題が起きる可能性はゼロではありません。ただ、なにか問題が起きたとしても、それで終わりではないのです。後からでも可能なことはたくさんあります。例えば、抗議をしてきた人と対話をし、何が問題だったのかを深く掘り下げること。いったいどのようなやり方であれば良かったのかを振り返って、別の可能性を模索すること。小学校でも、ホームルームで「終わりの会」ってありませんでしたか？　その日に起きた問題をテーブルの上に出して、みんなでああだこうだと言い合う。こうした試行錯誤を重ね、問題に向きあい続けることが大切です。

批判や抗議は、攻撃ではなく「ツッコミ」です。ツッコミは、あらゆる方向からやってきます。現実の社会で何かを発表する以上、そこで生活する様々な人たちから「その見方はおかしい」「それは私たちの現実に即していない」といったツッコミを入れられることは免れません。しかしその一つひとつに誠実に向きあうことによって、作り手の、そして人びとの社会を見る視点に目盛りが増え、多様な当事者が置き去りにされない社会に近づいていくと私は思います。

---

［1］　松本玲子「男女３００人の絡みを撮影…知性と理性を吹っ飛ばせて見えた境地とは【大橋仁ＩＮＴＥＲＶＩＥＷ】」　http://www.tabroid.jp/news/2014/12/matsumoto4.html（２０１８年5月28日閲覧、以下のＵＲＬも全て同様）

［2］　私たちがタイのセックスワーカー支援活動グループにこの件について報告し意見を聞いたところ、撮影時から年数も経っており個別的な対処は難しいし、直接的な手間ひまはかけられないが、署名などは協力するとの返答がありました。東京都写真美術館では、内部で話し合いと問題点の分析が行われ、また外部からの抗議にも誠実な対応がなされました。しかし、こうした働きかけへの回答は、「都立の施設であることからも公式にこの問題について発言したり取り組みを仕掛けるのは難しい」というものでした。人権の問題について芸術家が引き起こした問題について、その活動の場を提供する側が発言することが、なぜ公の施設では難しいのでしょうか？　この辺りにもまだまだ課題があります。

［3］　大橋仁ブログ２０１５年1月8日付記事　http://blog.ohashijin.com/?eid =1091054

［4］丹羽良徳『88の提案の実現に向けて』告知文　http://gallery.kcua.ac.jp/events/20160109_id=8029#ja

［5］ＳＷＡＳＨ「東京・埼玉・すすきの店舗型ヘルス店の『平均的』風俗嬢」（２０１３年調査）　http://swashweb.sakura.ne.jp/file/2013research.pdf

［6］ちなみに、そのポーランドのアーティストがギャラリーにセックスワーカーを呼んだことについて、それにはどんな意図があり、ワーカーに対してアーティストはどのような交渉をしたのかについて、この発言をした教授に尋ねました。答えは「分からない」「知らない」とのことでした。

［7］こうした講義の方法や、専門家としての報酬が発生するようにしてきたのは、セックスワーカーの社会運動をしてきた先人たちの試行錯誤の結果です。話し手であるセックスワーカーの専門家としての立場を、主催者側がきちんと周知することは、安全性の確保や尊重の手続きとしても大事です。

［8］黄金町の浄化の詳しい経過については、以下の記事を参照。松沢呉一「黄金町の歴史と現在」『セックスワーカーは場所を要求する！　台湾・日本・韓国アジアセックスワーカーアクションワークショップ報告書』http://swashweb.sakura.ne.jp/file/taipeiworkshop2015.pdf

［9］例えば、京都のアート企画組織「ＨＡＰＳ」がこの件をテーマに『表現と倫理の現在』というオープンディスカッションを開いた際も、私は登壇者として呼ばれなかったので、聴講客として入場料を支払い聴きました。ディスカッションの途中、登壇者であるイギリスのテートモダン美術館のキュレーターが「で、その問題の当事者はここに登壇しているの？いない……。なぜこんな欠席裁判をするの？」と尋ね、会場内が一斉に「膝をうった」かのような空気に。いたたまれず、私が「その場に居た人です」と挙手して話をしました。終わってから彼女は、私にお礼を述べハグをしました。

［10］セックスワーカーは表現の領域のみならず、社会問題として学習・研究の対象としても取り上げられやすい存在です。例えば、２０１６年11月に、大阪の色街・飛田で人権学習団体「じんけんＳＣＨＯＬＡ（すこら）」のフィールドワークが実施され、営業時間内に大勢でその街をぞろ歩くことに対して、飛田で働く人たちやセックスワーカーから抗議がなされました（以下の記事を参照）。こうした事例は後を絶ちません。
要友紀子「『飛田新地フィールドワーク』の問題点とは　『興味本位』以上に厄介」しらべぇ、２０１６年12月２日付
https://sirabee.com/2016/12/02/20161038689/

［11］なお、２０１８年6月現在、京都市立芸術大学およびギャラリー＠ＫＣＵＡからこの件についての声明は出されていません。

第10章 セックスワーカーにどう伴走するか
当事者による経験の意味づけ

宮田りりぃ

はじめに

ＳＷＡＳＨメンバーの宮田りりぃと言います。私は出生時に性別を男に振り分けられ、20代前半頃までは男として生活を送ってきましたが、現在では自分の性別カテゴリーを男ではなく、トランスジェンダーとか女装（さん）といった言葉で捉えています。私がＳＷＡＳＨの活動を知ったのはたしか２００９年、自分の性のあり方についてモヤモヤした悩みを解明したいと思い、男性学を学ぶために大学に入学した頃でした。その後、ジェンダーとセクシュアリティ研究に取組んだり、性の健康（とりわけＨＩＶ／ＡＩＤＳ予防啓発）への関心からＳＷＡＳＨやＭＡＳＨ大阪の活動にも参加するようになり、現在に至っています。それでは、自己紹介はこのくらいにしてさっそく本題に入っていきたいと思います。

セックスワークとは、対価を得てお客さんに性的サービスを提供するサービス業の一種であり、立派な仕事の一つです。しかし、実際にセックスワークをしたりそれで生計を立てた経験がなければ、セックスワーカーがどういう場所でどんなサービスを提供し、どのような生活を送っているのかはとても見えにくいと思います。加えて、メディアなどでは悲惨であったり奔放であったり、かなり偏ったセックスワーカー像が好んで消費される傾向にあるため、セックスワークにはスティグマが付与されがちです。そして、こうした背景があるせいか、しばしばセックスワーカー支援において「そんな仕事早く辞めなさい」などとお説教してしまう、あるいはそういう態度を当然視してしまう支援者は少なくないようです。しかし、そのような支援のあり方ではかえってセックスワーカーを支援から遠ざけてしまうかもしれません。セックスワーカーに伴走するためには、「セックスワークを伴う経験を、当事者自身がどう意味づけているのか」ということにしっかり注意を向ける必要があると思います。

そこで、本章ではＳＷＡＳＨメンバーでありセックスワーカーでもあるヒロさん（仮名、30代半ば）が書き下ろした自己物語を本人の了解を得た上で事例として使用し、有効な支援のためにはセックスワーカーにどう伴走すれば良いのかを考えていきたいと思います。

事例——ヒロさんによる自己物語

(1) ヘルス嬢としての生活

私がヘルス嬢としての生活を始めたのは、田舎の実家を出て都市部で一人暮らしを始めてから2年くらいが過ぎた23歳の時でした。当時私は生活費を稼ぐために飲食店のアルバイトを二つ掛け持ちしていたのですが、平日は1日15時間以上の肉体労働と4時間程度の睡眠というサイクルを繰り返していたため、徐々に身体が悲鳴を上げ始めているという状況でした。そんな時、インターネットで店舗型ヘルスの求人を見つけ、それまでの生活から少しは楽になることを期待しつつ面接を受けて働き始めました。

店舗型ヘルスのA店（仮名）で初めてサービスを提供したのは、常連さんらしい中年の男性客でした。彼は、店内の個室で2人きりになりガチガチに緊張した私の心情を見透かすように、「みんな（生で）やってるよ」と言ってコンドームをつけずに挿入行為をしようとしてきたので、私は何とか抵抗しながら動揺と恐怖を押さえることに必死でした。その後、サービス時間が終了し、私は待機室に戻って慌てて先輩に相談しました（ちなみに、店舗型ヘルスの良かったところは、こうやって何かあれば待機室に戻ってすぐ仲間に相談できるところでした。といっても、待機室では嫌がらせや孤立なども頻繁にあって、誰でもいつでも気軽に相談できたわけではないのですけど）。そうすると、少し呆れた表情を浮かべた先輩から「そんなん（客の）嘘に決まってるやん」というセリフが返ってきたので少しホッとしました。それから、その日は確かもう1人くらいお客さんがついて、最終的にA店からもらった日給は2万円ほどでした。今までのアルバイトよりも短時間でたくさん稼げて嬉しかったけれど、次もまた想定外の怖い目に遭うかもしれないし、こんなこと始めたなんて親にも友人にも一生言えないだろうし、「これからの人生どうなっちゃうんやろう……」なんて不安を抱きながら自転車をこいで帰ったことを覚えています。

ところで、こうして始まったヘルス嬢としての生活の中で私が最も気にかけるようになったのがセーファーセックス、具体的に言うと性的サービスを提供するにあたって性感染症予防をどう実践するかということでした。というのも、当時はより健康に働くための知識やテクニックを身につけたいと思ってもどうすればそれらが手に入るのか分からず、インターネットや同僚たちからの（今思えば出自や根拠のよく分からない）情報を鵜呑みにしたり、自分で試行錯誤してみるしかなく、「これでいいんやろうか?」とずっと不安を覚えていたからです。また、A店では月初めにＨＩＶ抗体検査の結果が記載された証明書を提出しなければ出勤できないルールがありました。そのため、私は毎月保健所やクリニックで受検しており、そこでは医師や看護師、保健師の方に性の健康について相談する機会もありました。しかし、当時は「ヘルスで働いてることがばれたら嫌な顔されるんやろうな……」なんて考えてしまい、いくら機会があってもハードルはとても高く、なかなか相談してみようという気にはなれませんでした。

(2) セックスワーカーという言葉との出会い

Ａ店での仕事を始めて５年くらい経ったころ、知人からＡ店の近くで「セックスワーカーのいるまち」というイベントが開催されることを教えてもらい、興味を持ったので参加することにしました。そこでは、イベント名にもあるセックスワーカーという言葉が頻繁に使用され、ＳＷＡＳＨというグループのメンバーが国際会議の参加報告を行い、大学の先生たちが厚生労働省のお金を使って実施したという調査研究の成果を発表し、医師やＡＶ女優らがセーファーセックスについて議論を交わし、なぜかドラァグクイーンのショーまであったりして、「次から次に何じゃこりゃ?」と呆気に取られる一方、何か決定的に重要なことが目の前で繰り広げられているような気がして、とにかく夢中で入ってきた情報を自分のノートに書き留めていきました。当時の私はよく「どうせ私らなんか……」なんて言って、性風俗産業に従事する自分たちは世間様から馬鹿にされたり嫌われたりして当然、それは仕方がないという感じでした。そのため、どうして自分たちの仕事なんかが、国際会議で議論されたり行政のお金を使って研究されたり、言わば「まともな場」で真面目に取り上げられているのか、そのことがすごく不思議でした。

さて、そんな「セックスワーカーのいるまち」に参加して私が最もインパクトを受けたのは、何と言ってもセックスワーカーという言葉との出会いでした。それまで、風俗嬢とかヘルス嬢とか、ついつい自分たちを卑下するような形で使ってしまう言葉しか知らなかった私にとって、セックスワーカーという言葉はこれまでの自分の仕事を見つめ直し、誇りを持たせてくれる可能性に開かれているように思えました。イベントの後日、この言葉についてA店の同僚に話すと「アハハハ、何それ？　私たちセックスワーカーって言うの？　かっこいいー」なんてからかわれてまともに聞いてもらえませんでしたが、それでもやっぱり、私にとっては希望のある言葉に思えたのです。その理由を考えてみると、当時私は5年も店舗型ヘルスで働き、その仕事で生計を立て続けるには体調管理やコミュニケーション能力などが求められ、世間の常識から特にズレているわけでも、誰にでも続けられる簡単な仕事でもないということは十分に分かっていました。けれど、そもそも否定的な印象を持つ風俗嬢とかヘルス嬢みたいな言葉では、「これも立派な職業です」と胸を張って言うにはどうもしっくりこない気がしたのです。それに比べて、セックスワーカーという言葉は価値中立的で響きもかっこよく、これならしっくりくるような気がしたのだと思います。

しかしながら、新しい言葉に出会ったからと言って、自分の職業に対する印象はそう簡単に変わるものではありませんでした。セックスワーカーという言葉に出会ってからも、依然として私は自分の仕事について同業者以外に相談することには抵抗を覚えていたし、親にも友人にもその仕事をしていることを隠し続けていました。ただ、時々「セックスワーカーのいるまち」に登壇したセックスワークについて平然と語る人たちの姿を思い出しては、「何かあれかっこよかったなー」なんて考えて過ごす日々の中で、自分が置かれた状況からいい加減に解放されたいという思いは高まっていきました。

⑶専門性への気づき

そんなある日、私は日程の都合からいつもとは違うＨＩＶ抗体検査施設へと出向きました。すると、そこでは検査結果の証明書をもらえず、医療従事者の中年女性から口頭で結果を伝えられただけでした。すでに述べたとおり、私が働いていたA店では検査結果の証明書を提出する必要があるので、彼女に「検査結果の証明書が欲しいんですけど」と尋ねたところ、「どうして口頭じゃだめなの?」と返されました。それで、セックスワークをしていると明かすことに抵抗を覚えていた私は、とっさに「もし私の彼氏が証明書見たいって言ったら、どうしたらいいんですか?」と言いました（当時私には彼氏がおらず、口からでまかせだったのですけど）。そうすると、すぐに彼女から「口で言っても信用しない彼氏なんか、別れちゃいなさい!」と強く言い返されてしまいました。セックスワークについて話したいのに話せない、そんな葛藤の真っ最中に赤の他人からずけずけとプライベートのことでお説教され、私は口からでまかせを言った後悔やらお説教された腹立たしさやらで、ますます安心して相談しづらい状況に置かれてしまいました。

一方、そこでは転んでもただでは起きぬと言うか、負けず嫌いな私の性格のおかげで、新鮮な気づきもありました。彼女から何か質問はあるかと尋ねられたので、私は「どうせ後悔して帰るんやったらついでに聞いてやる」と開き直り、自分にはペニスがあると明かした上で、感染リスクが気になっていたある性行為についてアドバイスを求めました。その性行為は、「兜合わせ」と言ってお互いの亀頭を手で握りこすり合わせるというもので、お客さんに喜ばれることが多かったため私がよく提供していたサービスの一つでした。すると、彼女は「そういう行為があるの？」と驚きつつ、セーファーセックスのためにはコンドームとローションも使った方がいいことや、その行為でコンドームが傷んでしまう可能性もあることなどを教えてくれました。ちなみに、このアドバイスを受けてからの私は、「兜合わせ」をする時になるべくコンドームとローションを使うようになり、それに続けてコンドームを付けたペニスを肛門に挿入する／される時には、新しいコンドームへの付替えを心がけるようになりました。

さて、上記のアドバイスに感心した私は、わりと素直な気持ちで彼女に「ありがとうございました」と伝え、彼女は「私の方こそ、知らないことを教えてもらって勉強になったわ」とお礼を言ってきました。その時私が気づいたのは、医療の専門家は私たちセックスワーカーが提供しているサービス内容やそこで何を必要としているかについてはほとんど知らないんだということ、そして私たちがその内容を伝えて初めて、必要な医学的知識・情報が医療の専門家の側から引き出せるんだということでした。それはつまり、セックスワークだって専門性を持つ仕事なんだという気づきだったのです。この気づきは、自分の仕事を誇らしく思い、「どうせ私らなんか……」という過去の考え方を見つめ直し乗り越えていく上でとても重要でした。

まとめと考察

さて、以下ではこれまで見てきたヒロさんの事例を参照しながら、まずお説教を伴う支援の弊害について確認し、その次に有効な支援のためにはセックスワーカーにどう伴走すれば良いのかについて考えていきます。

(1)お説教を伴う支援の弊害

セックスワーカーは自分たちに付与されるスティグマを理解しているため、ヒロさんのように他人から向けられるかもしれない否定的なまなざしを恐れ、素性を隠したりそのために嘘をついてしまうというのは珍しいことではありません。そして、そんなデリケートな心情にもかかわらず他人から仕事やプライベートのことでお説教されてしまうと、ますます安心して相談することが困難な状況に追いやられてしまいます。それに、セックスワーカーに「そんな仕事辞めてしまいなさい」なんてお説教したところで、スティグマの問題は何も解決しません。なぜなら、すでにそのお説教自体が「そんな仕事」と言ってセックスワークを見下している、つまりスティグマの上に成り立っているからです。

また、必ずしも仕事やプライベートについて何から何まで正直に話してもらった方が良いというわけでもありません。誰にだって言いたくないことや言いづらいことはありますし、スティグマを付与されやすいセックスワークについてはなおさらです。そして、ヒロさんの事例のように、基本的に支援者は自分の持つ専門的知識・情報の範囲内で相手のニーズに応えれば十分で、それ以外のところで自分の中の常識を問い直すことなく相手にお説教するなんていうのは行き過ぎた介入だと思います。たとえ相手が自分のことを話そうとしなかったり、話の内容に嘘が混じっていそうだと思っても、無理に聞き出したり問い詰めるようなことはせず、スティグマを付与されやすいセックスワーカーのデリケートな心情やプライバシーに配慮するよう心がけたいものです。

(2)セックスワーカーにどう伴走するか

ここでは、とりわけヒロさんによるセックスワークを伴う経験の意味づけに注目してみましょう。まず、ヒロさんにとって最初の転機となったのは「セックスワーカーのいるまち」の登壇者たちとの出会いと、そこでのセックスワーカーという言葉との出会いでした。この二つの出会いを通して、ヒロさんはそれまで「どうせ私らなんか……」というように自分やその仕事を否定的に意味づけてしまいがちだった状況を乗り越え、自分の仕事をより価値中立的に見つめ直すことができるようになっていきました。次に、その上で転機となったのは、ＨＩＶ抗体検査施設での医療従事者とのやりとりでした。ヒロさんは、セックスワーカーへのスティグマやその医療従事者からのお説教によって、ますます安心して相談することが困難な状況へと追いやられてしまいました。しかし一方で、その医療従事者は開き直ったヒロさんからのセーファーセックスに関する質問に対して、専門家の立場から的確なアドバイスをしてくれました。その結果、ヒロさんはＨＩＶ／ＡＩＤＳ・性感染症予防のための医学的知識・情報を持つ医療従事者とセックスワーカーの実態やニーズを知る自分との相互作用によって、セックスワーカーに役立つ医療的支援が構築されることや、セックスワーカーもまた専門性を持っているということに気づきました。

このように、ヒロさんによるセックスワークを伴う経験の意味づけに注目してみると、スティグマがいかにセックスワーカーの性の健康増進を妨げてしまうのかということが分かってきます。しかし、やっかいなスティグマの問題でも、ヒロさんのようにセックスワーカーが自分の職業に対する否定的な意味づけを相対化できたり、支援者と対等な立場で接することができたならば、支援者と共にその問題に立ち向かっていくことも可能なのです。セックスワーカーがより健康に働くために、支援する側にはお説教をせず、安心して頼ってもらえる態度が求められています。

コラム

児童自立支援施設からの報告

あかたちかこ

▼はじめに

わたしはふだん、主に青少年のセクシュアルヘルスとその周辺を専門に扱う援助屋をしています。この仕事を始めてしばらくたった頃、ある高校生に「あたしさ、高校辞めてガールズバーで働こうかな。どう思う?」と聞かれたことを、今でも時々思い出します。どう思う?って言われても……。それで、とりあえずこう聞き返しました。

「なんでガールズバーなん?」

高校生は「だって給料高いやん」と即答。そりゃ、同じ働くなら給料は高いほうがいいよな。でも。わたしから見て彼女は、ガールズバーで働くにはとても危なっかしく見えました。いやいやいや、初めてのバイトがガールズバーかよ……まずはパン屋とかハンバーガー屋とかから始めようや。反射的にそう言いたくなりましたが、人の行動を変えようと思えば、その人が納得する理由を提示する必要があると思い、こう言いました。

「うーん、まじか。いや、でも、えーっと……ちょっと話そうや。」

それから、ガールズバーの給料がパン屋に比べてなぜ高いのかを、ふたりで考えてみました。それから、なぜわたしが「心配だ」と思ったのか、どこがどう心配なのか、どうなれば心配じゃないのかを言語化してみました。最後に彼女はこう言った。

「つまり、あたしにはまだ早いって思ってるってことやんな?」

わたしの「個人性教育」の原点はここにあります。

▼児童自立支援施設での性教育

わたしは今、児童自立支援施設[1]で働いています。そこには小学5年生から中学3年生までの男女の児童が、いくつかの寮に分かれて住んでいます。わたしは、中学3年生に寮ごとに行う「性教育」[2]と、年齢を問わず主に寮母先生からオーダーがあったときに行う「個人性教育」を担当しています。集団で行う「性教育」は、中学校で普通に行われているようなものに、経験者向けの実用的な情報をもう少し盛り込み、さらにそれを平易にしたものです。「思春期の身体と心の成長」や「避妊」、「性感染症」、「中絶」といったテーマを扱います。もうひとつの「個人性教育」は、児童と寮母先生とわたしの3人か、児童とわたしの2人かで行う、授業とカウンセリングの中間のようなものです。テーマも、子ども本人の抱えている事情や課題[3]、周囲の人の事情や要望に合わせて設定します。

この「個人性教育」に時々、施設への入所前にセックスワーク（?）に関与していた児童が送り込まれてきます。「セックスワーク」の後にクエスチョンマークを付けたのは、「それは本当に『ワーク』だったのか?」というようなケースも散見されるからです。働いたけれど結局お金を貰えなかった、とか、恋人や親にお願いされたからやっていて、仕事だとは思っていなかった、といったケースです。本人の自覚がどうであれ、児童福祉業界では未成年のセックスワークはとにかく問題視され、「性非行」と呼ばれます。そして「今後そういうことをしないように、先生からも念を押しておいていただけますか」というようなオーダーと共に、わたしのところへやってくるわけです。さあ、どうしましょうか。

▼「なぜ」「誰のせいで」は簡単には決められない

そもそも、たくさんの人は「非行少女と売春」と聞いて、どういうものを思い浮かべるのでしょうか。夜になっても家に帰らず繁華街でふらふらしている不良少女が、遊ぶ金欲しさに男を騙す、といったような感じでしょうか。しかし、少女たちの抱えている事情はそう単純なものではありません。

例えば、「家に帰らない」と「家に帰れない」の境界線や、「遊ぶ金」と「生活に必要な金」の境界線は一体どこにあるのでしょうか？　わたしが児童自立支援施設で接する少女たちがセックスワークに関与した時期は、小学校高学年から中学生にかけての時期です。高校生よりさらに難しい状況にいるな、と思うのは、合法的に働く手段がほとんどない時期だからでもあります[4]。このような時期にお金が必要だと思ってしまった子どもは、どうすればいいのでしょうか。子どもは保護者によって適切に養育されているのが普通で、そんなにお金が必要なわけがない、だからお金が必要だという状況や気持ちこそがおかしいのだ、という主張もあります。しかし、現実の社会は、その理屈が全員に当てはまる理想的な世界ではありません。

セックスワークに関与するようになった経緯についても、「何が原因で」「誰のせいで」というような問いに対する答えがいつもきれいに見つかるわけではありません。本人の話を聞いていると、「巻き込まれた」「騙された」「うまく乗せられた」というのと同時に、しかし自らセックスワークに近づいていった部分もある、という印象が拭えないこともあります。そして、（特に働いていた期間中は）「自分はここで必要とされている」がゆえに「ここが自分の居場所である」と認識していた子どもの割合も少なくないのです。

▼本人が「得する」ための援助

個人性教育は、事前に筋書きを作ることができません。なぜなら、その個人性教育でフォーカスされる「問題行動」の、本当の原因もよりよい対処法も、最初はわからないからです。子どもが、どのような背景で、何をどう捉えて、その問題とされている行動をとったのか、丁寧に聞き、一緒に考えてみないとわかりません。そして、その子に行動変容を求めるとして、どんなアプローチがより届きやすいかは、対話を通して見出します。

性のことに限らず、「問題行動」の背景にはいくつもの要素があり、それに即した細かく柔軟な対応ができないと、子どもは「なんかまた大人が偉そうに無茶なこと言うてるわ」と思って終わってしまいます。そして、自分を手助けしてくれるはずの大人に対して、「そんなとこ行っても怒られるだけやろ」「自由奪われて説教されるだけやろ」というような印象を抱くようになり、マイナスの影響だけが残るでしょう。

　そういった意味で、やはり援助者は被援助者に対して、常に大きな責任があると思っています。できることなら、子どもと話した後に、子どもに「なんか良い話聞いたわ」、そしていつか「あの日の話聞いておいて得したわ」と思ってもらいたい。つまり援助者は、実際に被援助者が「得する話」をする必要があります。この場合の「得」にはふたつの意味があり、ひとつは「おもろかった」「目の前の人が自分のことを真剣に考えていることを実感できた」「すぐ使えそう」のような短期的な意味での得と、長い目で見ての得です。わたしは、その両方の話を同時にひとつの話として、被援助者に手渡します。具体的には、まず子どもの事情を丁寧に聞き、その上で、わたしの考える「長い目で見たあなたの利益」を提示し、それを本人が納得するまで、時間を掛け、言葉を換えて話し合います。対話という名の説教ではなく、本当の意味での対話、話し合いです。

▼セックスワークをどう説明するか

　さて、わたしが個人性教育で子どもとセックスワークの話をする時に、よくパン屋の例え話をします。パン屋って、どんな商売？　パンを渡して、こちらが決めた額の代金を客から貰う商売です。「金を払ったんだから、パンを載せていた皿やトングも下さい。パンを売ってるんだからいいでしょ」なんて言ってくる客は滅多にいないでしょうし、もしいたら、それは売り物ではないよ、と言って断ればいい。断っても無理矢理持っていこうとする客がいたら、それは客ではなく、強盗です。そう言うと、子どもは笑います。当たり前すぎることだからです。

でも、それではセックスワークはどうでしょうか。客の顔をした強盗が近づいてきた場合は？

児童自立支援施設に入所した時点では、「自分はうまくやってきた」と思っている子どもがほとんどですが、性感染症にかかっていることが後日発覚したり、性教育を受けて初めて、「あの時妊娠するかもしれなかった」と青ざめたりしている児童もいます。つまり、セックスワークは妊娠や性感染症などの身体的なリスクがまずあり、それも含めて「幾ら貰ったら損しないのか」を決めるのが難しいのです。

その上で、その客の顔をした強盗がこちらの意に反することを主張してきた時に、一対一の密室で、うまく断るような技術を、残念ながら現時点では売る側が考えなければなりません。さらに、強盗が店に来て被害にあった時に、それを訴えると「お前がそんな商売をしているからだ」と言われたりするわけです。そして、忘れてはならないのは、ジェンダーの問題です。この国の慣例と教育によって育てられた「女」と「男」の、「他者に対してはこう振る舞うべき／これをしてはだめ」という前提が違いすぎ、女性が男性に性的なサービスを売る時、そのことが大きく響いてくるように感じます。

このような状況の中で、果たして未成年が、ましてや小中学生が仕事としてセックスワークを選ぶことを大人が黙って見ていられるか、と言うと、それは逆立ちしても無理な話です。なので「あなたにはまだ早いよ」と伝えます。その時、言葉にはしませんが、この子が大人になって、またセックスワークを選ぶという可能性を、頭の片隅に置きます。「とても難しい仕事」とは思っていてほしいけれど、「怖い仕事」だとは思ってほしくないのです。恐怖だけを刷り込んでも、本人のリスク管理の役には立たないからです。こうして最後に、本人が現実的で実現可能だと思える、「行動を変えるポイント」を具体的に決めて、個人性教育は終わります。

▼生きやすい社会を一緒に考える

個人的には「小中学生にセックスワークはまだ早い」と心底思います。しかしこれまでに出会った子どもたちにはそれぞれにセックスワークに関与した理由と背景がありました。わたしは子どもたちの長期的な利益を第一に考え、それを子どもたちに伝えたいのです。でもそれはあくまでも「提案」です。大人の思いこみや道徳を子どもに押しつけたくはありません。それは大人のエゴです。その人のこれからの人生において何が役に立つかなど、結局のところ、誰にもわかりはしないのです。子どもの生きやすい社会を作るのは、大人の仕事です。しかしここで言う「子どもの生きやすい社会」は、大人が勝手に考える「こういう感じだったら子どもは生きやすいだろう社会」ではありません。まずは子どもの話を真摯に聞くこと。そして、ただ聞くだけではなく、そこから対話を始めること。そしてその対話の中で「あなたもわたしも生きやすい社会」を子どもと共に創造したい。わたしはいつもそう考えています。

[1] 犯罪などの不良行為をした（またはする恐れがある）児童、あるいは家庭環境などから生活指導を要する児童を入所または通所させ、必要な指導を行い、自立を支援する施設、と説明されることが多い。全国に58カ所あります。

[2] 児童自立支援施設は「家庭的な雰囲気の元での育て直し」を目標に掲げていることが多く、一組の夫婦（寮長・寮母）が児童の両親代わりになり、寮を運営します（小舎夫婦制）。つまり寮母先生は施設内の母親代わりの人で、寮長先生と並んで、あるいは寮長先生よりも、最もその子どものことをよく見てわかっている人にあたる場合が多いです。

[3] 親、児童自立支援施設や児童相談所などの援助者、加害が問題になっている場合は被害者側の事情も考慮に入れます。

[4] 日本の労働基準法では、基本的に中学生以下は雇用できないことになっており（当然、性風俗関係の労働でも同じです）、遵法精神を備えた雇用主は、小中学生を雇用しません。子どもたちも「自分は働けない」ということはほぼ知っており、しかし働いた場合雇用主が罰せられることまでは知らない場合がほとんどです。そのため、その「働けない」ことを「働けないのに働かせてあげるんだから」という方向に利用され、極端に安い賃金で働かされたり、賃金を貰っていなかったりするというケースを複数見てきました。

付録

HIV／AIDS

HIVとはヒト免疫不全ウイルスのことで、このウイルスに感染して免疫力が低下すると、やがて非HIV感染者であれば感染しない弱い細菌への感染やがんの発症などが起こるAIDS（後天性免疫不全症候群）という状態になる。ただし、現在では治療が進歩して「HIV感染症」という慢性疾患として捉えるようになっており、検査によってHIVに感染していることを早期に発見し、さらに適切な治療を続ければ血液中のHIV量増加を抑えてAIDSの発症を防ぐことが可能である。また、現在では治療によって検査をしても見つからないレベル（検出限界以下）にまで血液中のHIV量を減らせば、他人に感染させることはほぼなくなることが分かっている。

LGBT

Lesbian（レズビアン）、Gay（ゲイ）、Bisexual（バイセクシュアル）、Transgender（トランスジェンダー）の頭文字を取った言葉。また、これらの四つに限定しない形で、多様な性のあり方の総称として使われることもある。

NSWP（The Global Network of Sex Work Projects）

1992年に設立された世界最大のセックスワーカーネットワーク組織。現在、NSWPに加盟するセックスワーカー団体は、266団体79か国（2017年時点）。NSWPは、グローバル・ファンドや国連など国際機関の策定するHIVポリシーが、セックスワーカーの人権を無視せず、セックスワーカーが参画・評価できるように、多くの国際機関との共同でプログラム開発、調査を実施している。また、世界のいろいろな国に行き、セックスワーカーの団体運営を助け、セクシュアルヘルスの教育や啓発のためのトレーニングを行うなど、差別・暴力・嫌がらせのない、安全で健康な労働環境のために様々なアドボカシー活動をしている。

ジェンダー

セックス（生物学的性別）とは区別された、社会や文化によって作られる性別のこと。また、セックスも社会や文化によって作られるものであり、ジェンダーに含まれると考える立場も存在する。

スティグマ
社会が特定の職業や身分、特性を持つ人に押す「負の烙印」であり、望ましくないという意味合いを持つ。たとえばセックスワーカーについて言えば、周囲の人々から「まとも」な仕事に就いていないという烙印を押されることで、差別・偏見や暴力などに対して脆弱な状況に置かれやすくなってしまう。加えて、セックスワーカー自身がそのことを当然視してしまうと、「逮捕されるかもしれない」、「怒られるかもしれない」などと身構えてしまい、セックスワークに関することで他人にすぐ助けを求めることや、安心して悩みを相談することなどがよりいっそう困難な状況に置かれてしまう。

セーファーセックス
HIVを含む性感染症への罹患、望まない妊娠などのリスクを減らす手段（コンドームの使用など）を講じて行われるセックスのこと。1990年代初頭には「安全なセックス＝セイフセックス」と言われていたが、「100％安全なセックスとは、セックスをしないことである」という主張に対して、現実にそくして（より正確に）「出来るだけ安全なセックス＝セーファーセックス」をすることこそが大事であることが強調されるようになった。

セクシュアリティ
性的指向や性的欲望、性現象、性行動にまつわる観念や行動様式全般を表す幅の広い概念。性的指向や性的欲望といった個々人の具体的な性のあり方を念頭に置く形で用いられることもあれば、「愛」と結び付けられることによって人間の本質的な違いの根拠として用いられることもある。

セクシュアルマイノリティ（性的少数者）
自らの性的指向、性自認、性表現、性的特徴などがある社会の性に関わる規範に合致しないため、不可視化・周縁化されている人々を指す。また、単に多数派に比べて人口が少ないという意味ではなく、二項対立的なジェンダーとセックスに沿った存在を「ふつう」と見なす社会や文化のあり方を批判する意味が込められている。

セックスワーカーのいるまち
エイズ予防財団助成金により、HIV／AIDS予防対策事業として、セックスワーカー当事者と研究者らが協働して作ったイベント。展覧会やシンポジウムが2006～2011年の間に4回、大阪では堂山にあるコミュニティセンターdista及びクラブ等で、東京では新宿にあるコミュニティセンターaktaにて開催された。ワーカー自身による手記や写真、トークなどが共感を呼び、多くのワーカーがネットワークに繋がるきっかけとなった。

店舗型
風営法で規定された、シャワールーム及び個室を備えたファッションヘルスや、浴室を備えたソープランドなどの性風俗店を指す。また、風営法の規定とは別に、店舗内に性的サービスを提供する部屋を備えた性風俗店全般を指して用いられることもある。なお、基本的に性風俗店は警察の管轄となるが、個室付浴場の「看板」で営業するソープランドや、飲食店・待合の「看板」で営業するちょんの間（旧遊郭）は保健所の管轄となっている。

トランスジェンダー
出生時に割当てられた性別とは性自認や性表現、性役割が異なる人が用いる自称、あるいはこれらの人々を包括的に示すために用いられる総称。なお、トランス女性は女性として、トランス男性は男性として生活しているトランスジェンダーを指す。また、一概にトランスジェンダーと言っても、自らをどのようなラベル、カテゴリーで捉えるかや、どのような性表現、性役割を体現するかは個々人によって多様である。

売防法
正式名称は「売春防止法」。「売春が人としての尊厳を害し、性道徳に反し、社会の善良の風俗をみだすものである（第一条）」という観点のもとで、売春行為そのものではなく「売春を助長する行為」を処罰し、また「売春を行うおそれのある女子に対する補導処分及び保護更生」を行うことを目的とした法律。売春の勧誘、場所の提供、管理売春等を行った者を罰則で取り締まる。街娼やインターネット上での売春も対象になる。この法律での売春行為とは、不特定の相手方との、対価の生じる膣ペニス挿入を指す。なお、ソープランドやちょんの間でも膣ペニス挿入は行われているが、飲食提供サービス従事者と客の間の自由恋愛での行為という建前によって成り立つ。

風営法

正式名称は「風俗営業等の規制及び業務の適正化等に関する法律」で、ディスコやキャバクラ、パチンコやゲームセンター等、幅広い業種を対象とする。セックスワークに関連する部分では、第四章「性風俗関連特殊営業等の規制」で、性風俗店の営業開始の届け出・営業時間・営業区域・広告宣伝の方法等について定められている。店舗型・無店舗型・ラブホテル・アダルトショップなど、様々な業務形態への規制がある。セックスワークの営業の多くは許可制でなく届け出制。この法律の範疇での性的サービスには、膣ペニス挿入は含まれないことになっている。

ホンバン

セックスワークにおける膣ペニス挿入行為のこと。基本的に性風俗店ではホンバンは無し。

【使用例】

ホンバンをねだるお客が多く、ワーカーの間で「ホンバン強要（強引な膣ペニス挿入行為への交渉、略してホンキョウとも言う）、むかつく」。

それに対して、客の常套句「ナンバーワンの〇〇ちゃんはホンバンありだよ」「売れっ子のみんなホンバンしてるよ」。

無店舗型

デリバリーヘルスなどと呼ばれ、基本的に店舗内にサービスを提供する部屋がなく、利用客の自宅や滞在中のホテルなどへセックスワーカーが直接出向いてサービスを提供するタイプの性風俗店を指す。

２００６年に風営法が改正されたことで、日本では現在新たに店舗型性風俗店を作ることが禁止されている。なお、この規制強化を受ける形で、警察への店舗型性風俗店の届出数はほぼ横ばいを続ける一方、無店舗型性風俗店の届出数は増加を続けている。

日本の性風俗年表

太字は本書で言及のある出来事。
★印はセックスワーカー当事者活動に関連する出来事（一部海外含む）。

1945年（昭和20年）

●8月15日　敗戦。

●8月26日　進駐軍のための娯楽を提供する特殊慰安施設協会RAAが設立される。

●**敗戦から間もなく、街娼が街に立ち、パンパンという言葉も浸透。**

1946年（昭和21年）

●2月2日　**GHQの命令を受けて公娼制度が廃止される。**それと同時に、業者は特殊飲食店として営業を継続。それがのちの赤線になる。

1947年（昭和22年）

●1月15日　新宿「帝都座」で額縁ショーが始まり、人気を博す。

●1月15日　**「婦女に売淫をさせた者等の処罰に関する勅令」が勅令九号として出される。**特飲店はこれに抵触するため、警察が黙認し、それが赤線と呼ばれる。

●田村泰次郎著『肉体の門』が発売され、以降、舞台化・映画化され、街娼たちの生態が広く知られていく。

1948年（昭和23年）

●3月　浅草・常盤座で行われた「デカメロンショウ」で初めて「ストリップショー」という言葉が使用される。

●7月6日　宮城県が「売淫等の取締に関する条例」を発布、これを皮切りに、全国の占領軍施設のある地域を中心に街娼の取締が可能となる。

●7月10日　風俗営業取締法（風営法）公布。

●7月15日　**性病予防法公布。**これにより、条例がなくても街娼の刈り込みが可能になる。

●11月22日　上野の街娼地帯の摘発を視察する警視総監と女装男娼が衝突。

1951年（昭和26年）

●「東京温泉」が銀座にオープン。トルコ風呂の元祖とされるが、ここは性的サービスはなし。それ以前からトルコ風呂はあり、売春までなされていたとの記録があるが、「東京温泉」はオープン前からの派手な宣伝のため、記憶に残ったものと思われる。

1954年（昭和29年）

●「ヌード喫茶」がブームに。のちのノーパン喫茶の元祖とも言える。

1955年（昭和30年）

●売春処罰法が繰り返し国会に上程されるようになり、それを見据えた新業種が増え、それらを「赤線・青線」に対して、「白線」と呼ぶようになる。

1956年（昭和31年）

●5月24日　**売春防止法公布。**

1957年（昭和32年）

●4月1日　**売春防止法一部施行。**

1958年（昭和33年）

●4月1日　**売春防止法全面施行。**

1959年（昭和34年）

●2月10日　風営法改正。これによって不良のたまり場になり、性風俗的にも問題になっていた深夜喫茶を規制。

1960年（昭和35年）

●赤線の業者の一部はトルコ風呂に転業。当初は警察が厳しかったため、おおっぴらにセックスまではせず、ミストルコ（のちのトルコ嬢）たちが個人的に店の外で会うなどしていたが、この頃から店内でもオスペ（手こき）が行われるようになり、挿入行為を「本番」と呼ぶようになっていく。

1961年（昭和36年）

●それまでにも専門誌ではSMという言葉は使用されていたが、この頃から一般誌でも使用されるように。この頃にはすでに「サディストクラブ」といったサークルが始動していた。

1962年（昭和37年）

●3月11日　映画「肉体の市場」公開。これがピンク映画第一号とされる。

●10月11日　東京都迷惑防止条例公布。これによってしつこい客引きが禁止される。この時期、同類の条例が全国で施行される。

1964年（昭和39年）

●8月1日　東京都青少年健全育成条例発布。

●10月10日　東京オリンピック開会式。それに向けて東京では風俗産業への締め付けが強まり、男娼たちは東京を逃げ出して、全国へと散った。

1965年（昭和40年）

●11月8日　日本テレビ・読売テレビの制作で「11PM」スタート。当初は報道に重きが置かれていたが、やがてはお色気番組の代名詞となり、性風俗も積極的に取り上げるように。

1966年（昭和41年）

●6月30日　風営法改正。これによってトルコ風呂、ストリップ劇場、ヌードスタジオも風営法の管轄に。

1967年（昭和42年）

●2月　蒲田にピンクキャバレー「ハワイ」がオープン。それまでにもおさわりバーの類は存在していたが、これ以降、ピンクキャバレー、ピンクサロンが激増。

1969年（昭和44年）

●川崎堀之内の高級店「川崎城」オープン。ここから泡踊りが始まったとされる。

1970年（昭和45年）

●女子高生売春が問題に。「不良少女」の売春は以前から存在していたが、この頃から売春する「普通の女子高生」が登場。

1971年（昭和46年）

●2月6日　滋賀県雄琴温泉にトルコ風呂「花影」がオープン。以降、続々とトルコ風呂ができて、雄琴の名は全国に知られるように。

1976年（昭和51年）

●京都にノーパン喫茶が初登場したと言われるが、この段階ではさほど話題にならず。

1979年（昭和54年）

●ノーパン喫茶が全国波及し、空前の新風俗ブームに。

1980年（昭和55年）

●それまでにも存在はしていたが、性器

が透けて見えるものが登場して「ビニ本」専門店が乱立。

1981年（昭和56年）

●5月　アダルトビデオ第一号とされる『ビニ本の女・秘奥覗き』が発売される。

●裏本『金閣寺』『法隆寺』などが発売される。

●愛人バンクがブームになり、「夕暮れ族」が流行語に。

●ノーパン喫茶から個室サービスが一般化して、のちのヘルスにつながる。

●『歌舞伎町タイムス』創刊。1983年に『ナイトタイムス』に改名。のちの『ナイタイレジャー』。

1982年（昭和57年）

●ノーパン喫茶、のぞき劇場、ファッションヘルスなどの新風俗ブームがピークに。

●家庭用ビデオデッキの普及で裏ビデオがブームになり、『洗濯屋ケンちゃん』がベストセラーに。

1983年（昭和58年）

●日本でもエイズの話題が雑誌で取り上げられるように。

1984年（昭和59年）

●8月14日　風営法の大幅改正。法律名が「風俗営業等の規制及び業務の適正化等に関する法律」に。新風俗が規制されるとともに深夜営業が禁止される。

●10月6日　トルコ人青年の訴えなどにより、全国特殊浴場組合が「トルコ風呂」という名称を自粛。のちにソープランドに改名。

1985年（昭和60年）

●2月13日　改正風営法施行。これにともないテレフォンクラブが登場し、爆発的なブームとなる。

●3月　厚生省がエイズについて初の公式発表。

★タイでセックスワーカー団体EMPOWER誕生。

1986年（昭和61年）

●10月2日「SMぽいの好き」で黒木香AVデビュー。監督の村西とおるとともに一世を風靡。

●11月28日　NTTの伝言ダイヤル・サービスがスタート。出会いに利用される。

1987年（昭和62年）

●1月　神戸福原でHIVに感染した女性が死亡したとの噂が流れて、「エイズパニック」に。

●4月15日　池袋のホテルで、ホテトル嬢が客の暴力に抵抗して客を刺殺する「池袋事件」発生。

1989年（平成1年）

●7月10日　ダイヤルQ2サービスがスタート。スタートとともにツーショットダイヤルも始まり、出会い系、テレフォンセックスの場となる。

1991年（平成3年）

●批判を浴びてNTTはダイヤルQ2のツーショット業者を締め出す。

★セックスワーカーの国際ネットワークNSWP誕生。

1992年（平成4年）

●首都圏で、風俗求人誌『てぃんくる』が創刊され、以降、他誌も後続して、風俗嬢の仕事探しに大きな変化をもたらした。

1993年（平成5年）

●4月『月刊MAN-ZOKU』創刊。

風俗雑誌が乱立し、フードルも登場。

1994年（平成6年）

●以前から同伴喫茶の生き残りが露出カップル向けの営業を続けてきたが、この頃から新たにカップル喫茶として営業を始める店が増え、素人とプロが入り乱れる空間に。これがのちのハプバーに発展していく。

★アジアのセックスワーカーネットワークAPNSW誕生。

1995年（平成7年）

●12月21日・22日　五反田のSMクラブ従業員が経営者と店長を殺害、その残虐性とSMクラブという舞台から、マスコミの脚光を浴びた。

●インターネットの普及によって出会い系サイトが登場。これとほとんど同時に援助交際がスタート。

★日本初のセックスワーカーネットワークSWEETLY誕生。

1996年（平成8年）

●9月21日　広島で援助交際をしていた女子高生・街娼など4人を殺害したタクシー運転手が逮捕され、のちに死刑に。

●援助交際が社会問題化。一方でブルセラショップが登場して、こちらも社会問題化。

1997年（平成9年）

●3月19日　渋谷区神泉で街娼をしていた東電OLが殺害される。

1998年（平成10年）

●5月8日　**風営法改正。無店舗型性風俗特殊営業が認められる。**

●10月13日　渋谷区のイメクラが18歳未満を雇い入れていた容疑で摘発。16歳の少女が「そのまんま東が客だった」と供述したことで話題に。

★セックスワークの非犯罪化を要求するグループUNIDOSが活動開始。

1999年（平成11年）

●4月1日　**改正風営法施行。**デリヘルがブームに。

●5月26日「児童ポルノ法」（児童買春、児童ポルノに係る行為等の処罰及び児童の保護等に関する法律）発布。

●10月26日　埼玉県桶川市の女子大生が、交際相手だった男に殺害される。犯人と共犯者は池袋の風俗店を経営していた。

●11月1日「児童ポルノ法」施行。

★SWASH誕生。

2001年（平成13年）

●3月　秋葉原に「メイド喫茶」の第一号オープン。

●9月1日　歌舞伎町でビル火災。死者44名。

2003年（平成15年）

●8月20日　吉原のソープランドでソープ嬢が絞殺される。

●**人身取引議定書が発効し、以降政府の性風俗取締強化の動きが進む。**

★大阪と東京にHIV予防啓発のためのコミュニティセンターが開設され、セックスワーカーたちの活用も始まる。以降、同様のセンターが各地に設置される。

2004年（平成16年）

●3月31日　ブルセラショップ規制の条文が「東京都青少年の健全な育成に関する条例」に盛り込まれる。

●**米国国務省などの批判を受けて人身取**

引対策行動計画が立てられ、翌年に刑法・風営法・入管法等を改正。
●歌舞伎町を中心に浄化作戦がスタートして、無届けの性風俗店や違法DVD店が一掃される。

2005年（平成17年）

●2月　それまで東京では繰り返し否決されていた淫行に関する条文を「東京都青少年の健全な育成に関する条例」に入れることを可決。
●7月　TENGAが発売され、爆発的ヒットに。
●10月28日　風俗案内所が増加したため、「大阪府特殊風俗あっせん事業の規制に関する条例」公布。これ以降、各地に同様の条例ができる。
●東京での浄化作戦を手本に神奈川、埼玉、大阪など全国でも性風俗店の取り締まりが進む。

2006年（平成18年）

●風営法にひっかからない新業種としてガールズバーブーム、秋葉原にJKリフレが登場し、JKビジネスと称される女子高生を使った業種が急増していく。

2007年（平成19年）

●7月9日　広島でデリヘル嬢が客のマンションで殺される。**この頃には毎年のようにデリヘル嬢が殺害される事件が報道されるようになる**が、これらは実際の被害の一部に過ぎない。

2008年（平成20年）

●この年から旅館業法の届けしかないラブホ（いわゆる偽装ラブホ）が問題となり、摘発が始まる。
●10月　接待をしているとして、歌舞伎町のガールズバーが摘発される。以降、各地で摘発が続く。
●12月24日　AV出身のタレント飯島愛が亡くなっているのを親戚が発見。HIVの予防啓発活動にも積極的だった。

2009年（平成21年）

●7月　角海老系列のソープランドが摘発され、グループの創始者を含む9名が売防法の場所の提供容疑で逮捕される。警察に協力的な優良店と見なされていただけに業界に激震が走った。
●7月　『ナイタイスポーツ』『ナイタイマガジン』を発行していたナイタイ出版倒産。性風俗情報は紙媒体の時代が終焉。

2010年（平成22年）

●7月9日　風営法施行令改正（施行は翌年1月1日）。偽装ラブホへの規制が強まるが、これまで条例により届けができなかった地域でも期限を区切って風営法への切り替えができるようになった。
●9月26日　出会い系カフェで知り合った客に女子大生が絞殺される。
●10月から11月にかけて、遊廓時代から続いていた京都五条楽園のお茶屋と置屋が売防法違反で摘発され、消滅へ。

2011年（平成23年）

●5月18日　神奈川県警は、女子高生が下着を見せる「女子高生見学クラブ」を摘発。容疑は労基法違反。風営法・児福法の適用が難しいJKジャンルに労基法を適用するのがこれ以降常態化していく。
●10月29日　東京北新宿のハッテン場が

公然わいせつで摘発される。ハッテン場の摘発はこれが初とされる。

2012年（平成24年）

●4月11日　女子中高生を使っていたため、横浜市のガールズ居酒屋が摘発される。風営法と労基法違反。

●9月1日　大阪市日本橋にあるメイド喫茶が労基法違反で摘発される。これ以降、いくつかのメイド喫茶が摘発されている。

●11月　ストリップ劇場の摘発が続いていた関西で、大阪・天満「東洋ショー劇場」が摘発され、この時はストリッパー、従業員だけでなく、ポラロイド撮影をした客も幇助で逮捕されている。

2013年（平成25年）

●5月18日　ゲイAV男優・真崎航が病死し、SNSでは世界各国から追悼の言葉が発せられ、日本に墓参りに来るファンも。

2014年（平成26年）

●6月　米国国務省による「人身取引報告書」にJKお散歩が取り上げられたことを契機に、規制機運が高まる。

2015年（平成27年）

●1月　それ以前からスナックで客とカウンター越しに話し込んだり、ビールを注いだことで店の経営者が風営法違反で逮捕される例はあったが、経営者ではないガールズバーの従業員が逮捕される例が表面化。

●7月1日　愛知県が全国に先駆けてJKビジネス包括規制条例施行。それまでも労基法、児福法などの既存の法律に抵触することによる摘発はあったが、この条例によって広くJKビジネスが規制対象に。

●12月5日・6日放送の慈善イベント「おっぱい募金」（パラダイステレビ）に対して反対署名運動が起こるが、同時に安易な反対への批判も高まった。

●**アムネスティ・インターナショナルがセックスワークの非犯罪化を支持する組織決定をして日本でも話題に。**

2016年（平成28年）

●3月3日　NGOヒューマンライツ・ナウが報告書「強要されるアダルトビデオ撮影」を公開し、賛否両論を巻き起こす。

●9月11日　吉原のソープランド「オートクチュール」「ラテンクォーター」の経営者らが売防法違反で逮捕される。いずれもAV嬢が働いていて、プロダクションとのつながりが強いため、AV強要問題の影響ではないかと言われている。

2017年（平成29年）

●4月17日　AV業界の健全化に向けて、法律家などの有識者によるAV業界改革推進有識者委員会発足。

●10月31日　神奈川県座間市で連続殺人事件の容疑者が逮捕され、9名が殺害されたことが明らかになる。男は性風俗のスカウトマンだった。

●11月30日　セックスワーカー、作家として大きな足跡を残して南智子死去。

●12月17日　埼玉県大宮市のソープランド「Kawaii」で火災があり、従業員と客の12名が死傷。これ以降、翌年にかけて全国の性風俗店で消防本部により立入検査が行われている。

	業態		関連する法律
	営業場所	感染リスクの対象となる業務内容	
	店舗内 個室ベッド	ディープキス、生フェラ、クンニ、 玉舐め、アナル舐め、69、素股、 口内発射、顔射、AF、ごっくん、 3P、前立腺マッサージなど。 （個人差あり）	風俗営業適正化法
	ホテル、 個人宅		
	店舗内座席	生フェラ、ディープキス、クンニ、 玉舐め、アナル舐め、69、素股、 口内発射、ごっくんなど （個人差あり）	
	店舗内個室、 ホテル、個人宅	SM業務専門行為 （飲尿、スカトロ、出血を伴うプレイ、 医療プレイ（カテーテル、浣腸の使用等））	
	店舗内個室		
	ホテル、 個人宅	ディープキス、生フェラ、クンニ、 玉舐め、アナル舐め、69、 口内発射、顔射、AF、ごっくん、 3P、前立腺マッサージなど ＋膣ペニス性交 （すべての行為の可否において個人差あり）	売春防止法
	スタジオ、 ホテル		風俗営業適正化法、 その他
	劇場内	上記のプレイがある所と ない所がある	

日本の性風俗産業の構成

(1) 女性セックスワーカー

分類	名称 届出の出ている営業所数（2017年度）		通称
非ホンバン産業	店舗型ファッションヘルス 780件		ヘルス、 ファッションマッサージ、 イメージクラブ、 性感マッサージ、 ソフトSM
	派遣型ファッションヘルス 20,116件		デリバリーヘルス、 出張マッサージ
	カフェー等、接待営業		ピンクサロン、 〇〇サロン、 抜きキャバ
	SMクラブ		SMクラブ
ホンバン産業	個室付浴場 1,217件		ソープランド
	裏風俗（アンダーグラウンド）	接待型料理店	旧遊郭、ちょんのま
		街娼型	街娼、立ちんぼ
		連れ出し型（※）	料理店、バー、スナック、 クラブ等で待機
		派遣型	ホテトル、デートクラブ
		自営型	個人売春
セックスエンタテイメント産業	アダルトビデオ		アダルトビデオ
	ストリップ劇場 100件		ストリップ劇場 （ダンス、個別サービス）

（※）管理型とも言う。

▶出典：平成11年度厚生労働科学研究事業「HIV感染症の疫学研究班報告書」（桃河等）を平成22年に改訂（桃河等）したものを、さらに改訂。なおこの他に数は少ないが、女性客を対象とした、女性セックスワーカーが働く風俗もある。

（3）トランスジェンダーセックスワーカー

分類	営業タイプ	通称	業態：営業場所	業態：感染リスクの対象となる業務内容（トランス男性を除く）	関連する法律
非ホンバン産業（非ホンバン／ホンバンの境界は実際にはひきにくい）	店舗型ファッションヘルス	ニューハーフヘルス	店舗内個室ベッド	ディープキス 生フェラ 玉舐め アナル舐め ６９ 口内発射 顔射 AF ごっくん 複数プレイ 前立腺マッサージ	風俗営業適正化法
	派遣型ファッションヘルス（約60軒※）	ニューハーフヘルス	ホテル、個人宅		
	街娼型	街娼、立ちんぼ	ホテル、個人宅		
	連れ出し型	（料理店、バー、スナック、クラブ等で待機）			
	派遣型	ホテトル、デートクラブ			
	自営型	個人売春			
	SMクラブ	SMクラブ	店舗内個室、ホテル、個人宅	上記＋SM業務専門行為（飲尿、スカトロ、出血を伴うプレイ、医療プレイ（カテーテル、浣腸の使用等））	
セックスエンタテイメント産業	ストリップ劇場	ストリップ劇場（ダンス、個別サービス）	劇場内	上記非ホンバン産業に準ずる	
	アダルトビデオ	アダルトビデオ	スタジオ、ホテル		

（※）「口コミ風俗情報局」のデータよりカウント。

▶出典：左に同じ。なお、この表では便宜上分けているが、女性セックスワーカーが働く性産業、男性セックスワーカーが働く性産業の中にも、トランスジェンダーセックスワーカーは混ざっており、サービス対象の客の性別も働く人によって様々である。また、トランス女性の場合はニューハーフヘルスのように元「男」であることを売りにして稼げるトランスジェンダーに特化した性風俗店が一定数存在するが、トランス男性の場合は元「女」であることを売りにして稼げる性風俗店が非常に少ないという違いがあり、それゆえトランス男性セックスワーカーはよりいっそう見えにくい存在となっている。

（2）男性セックスワーカー

<table>
<tr><th rowspan="2">分類</th><th rowspan="2">営業タイプ</th><th rowspan="2">通称</th><th colspan="2">業態</th><th rowspan="2">関連する法律</th></tr>
<tr><th>営業場所</th><th>感染リスクの対象となる業務内容</th></tr>
<tr><td rowspan="5">男性向け産業</td><td>派遣型</td><td>出張ウリセン</td><td rowspan="2">ホテル、個人宅</td><td rowspan="4">ディープキス
生フェラ
玉舐め
アナル舐め
６９
口内発射
顔射
AF
ごっくん
複数プレイ
前立腺マッサージ</td><td rowspan="5">風俗営業適正化法に抵触する可能性はあるが、これまで適用例がなく、違法とはみなされていない。</td></tr>
<tr><td>連れ出し型</td><td>ウリセン</td></tr>
<tr><td>街娼型</td><td>立ちんぼ</td><td>ホテル、個人宅、公衆トイレ（野外等）</td></tr>
<tr><td>自営型</td><td>サポ・ウリ</td><td>ホテル、個人宅、ハッテン場（140軒※）</td></tr>
<tr><td></td><td>マッサージ</td><td>店舗、店舗契約のマンション、ホテル、個人宅</td><td>上記の一部</td></tr>
<tr><td>女性向け産業</td><td>無店舗型性風俗特殊営業</td><td>出張ホスト</td><td>ホテル、個人宅など</td><td>上記＋ホンバン</td><td>風俗営業適正化法（売春防止法）</td></tr>
<tr><td rowspan="2">セックスエンタテイメント産業</td><td>ストリップ劇場</td><td>ストリップ劇場（ダンス、個別サービス）</td><td>劇場内</td><td>上記＋ホンバン</td><td rowspan="2">風俗営業適正化法</td></tr>
<tr><td>アダルトビデオ</td><td>アダルトビデオ</td><td>スタジオ、ホテルなど</td><td>上記＋ホンバン</td></tr>
</table>

（※）ゲイサウナ・淫乱旅館・マンション形式のハッテン場の数を「gclick」のデータよりカウント。

▶出典：池上千寿子・要友紀子・木原雅子・木原正博・沢田司・不動明・松沢呉一・水島希・桃河モモコ他（2001）「日本在住のSWにおけるHIV/STD関連知識・行動及び予防・支援対策の開発に関する研究」平成12年度厚労科研エイズ対策事業『HIV感染の疫学研究』（研究代表者 木原正博）総括・分担報告書に基づき、一部加筆修正。

大阪の保健所の所在地などを記載。

●**待機部屋ジャーナル**　月ごとに多彩な専門家を招き仕事に役立つことを聞く「おしゃべり相談カフェ SWASH パラダイス」（2012 ～ 2013年度開催）のレポート。確定申告や所得証明、保険料、身内対策などなど、みんなはどうしてる？　セックスワーカー当事者と相談業務に携わる支援者にとって重要な知識が満載。

▼支援者・研究者・活動家向け

●**セックスワーカーの権利を支援するフェミニスト・マニフェスト**　ヨーロッパのセックスワーカーの権利に関する国際委員会が、2016年3月8日の国際女性デーに際して作ったマニフェスト（https://feministsforsexworkers.com/）の翻訳。ヨーロッパ、中央アジアの129のフェミニスト団体、クィア団体、移民団体、セックスワーカー団体等が、このマニフェストに賛同署名。

●**保健師／HIV相談員のための手引書**　当事者からの具体的な相談事例（2013年度）をもとに、それに対してどのようなアドバイスができるかなど、支援者や相談業務に関わる人への手引書。性産業の構成と傾向、仕事用語集、外国人セックスワーカーの法的状況、予防介入などについて掲載。現場の状況や知識を知ることは、当事者の信頼と理解を得る近道。

●**セックスワーカーは場所を要求する！　アジアセックスワーカーアクションワークショップ2015報告書**　アジアにおける「他国のセックスワーカー運動との連帯」「都市開発で立退きを迫られるセックスワーカーの労働現場について」「売春政策と権利」などの報告。活動家向け。

●**2012年＆2014年国際エイズ会議報告書**　2012年にワシントンとコルカタで同時開催された国際エイズ会議とセックスワーカーフリーダムフェスティバルへの参加レポートと、2014年にメルボルンで開催された国際エイズ会議セックスワーカープログラムの参加レポート。過去のエイズ会議の報告書の詳細はエイズ予防財団のHP（http://api-net.jfap.or.jp/library/index.html）を参照。

調査報告書　http://swashweb.sakura.ne.jp/node/25

セックスワーカーに対する偏見やスティグマをイメージで語らず、実態を見つめるには、根拠ある当事者調査は重要です。当事者、学者、活動家向け。

●**東京・埼玉・すすきの店舗型ヘルス店の「平均的」風俗嬢**　2013年

●**トランスジェンダーセックスワーカーの性行動・意識に関する調査**　2011年

●**性風俗に係る人々のHIV感染予防・介入手法に関する研究　女性セックスワーカーの意識・行動調査**　2009-2010年

●**風俗嬢意識調査**　2000年

SWASH　WEB資料案内

このページでは、SWASHのホームページ上で入手できる資料を紹介します（※注記のないものは日本語のみ）。

パンフレット／マニュアル　http://swashweb.sakura.ne.jp/node/5

▼活動紹介

●**SWASHの活動1999-2014**　発足から15年間の歩みをまとめたもの。活動年表の他に、SWASHに寄せられた相談事例やSWASH周辺のネットワーク関係図などを収録。

●**2014-2017年度SWASH活動報告資料**　普段SWASHがどんな活動を展開しているのかが知れる資料。メディアや論文でセックスワーカーやその活動を取り上げたい人におすすめ。もちろんSWASHのメンバーになりたい人への参考にも。

▼当事者向け

●**セックスワーカーの労働相談Q＆A**　風俗求人サイト『モモコちゃんねる』で、2013年〜2015年まで全20回に渡り、仕事上の役立つ情報を連載していたコラム。

●**セックスワーカーどうしの勉強会で学んだことーはたらきかたマニュアル・2018年ダイジェスト版**　仕事での安全対策とSTD予防に関する知恵と経験のまとめ。

●**完全はたらきかたマニュアル**（日本語／中国語／韓国語／タイ語／英語）　性別問わず使える体位や、ペニスとペニス（同じ性器どうし）の体位など、疫学的にも対人的にもより安全なおすすめ32体位の図解。その他、性感染症の解説、借金解決策やメンタルヘルスの相談窓口案内なども記載。

●**2013年度版はたらきかたマニュアル**（日本語／中国語／韓国語／英語）　性感染症を症例写真つきで解説。

●**2011年度版はたらきかたマニュアル**　性感染症の情報、ニューハーフセックスワーカーの調査報告、ホルモン投与中の人やHIVポジティブの人の薬の飲みあわせ／薬が手に入りにくい緊急時の対応、乳房切除・豊胸のコラムなどを掲載。

●**SEX and SEXWORK vol.1〜3**　2009年〜2011年に厚生労働科学研究補助金事業で制作された、セックスの安心と安全を考える情報誌。

●**トランスジェンダー健康ハンドブック by APNSW**（日本語／英語）　社会的な差別・偏見やリスクにさらされるトランスセックスワーカーたちが自分の望む性別や仕事・生活を続けるうえで、自己決定に大切なことを先輩の経験談などから学べる本。

●**性感染症ー共同生活において気をつける点**　待機場所やお客の家での性感染症予防は忘れがち。銭湯やホテルなど共同の場所を使うどなたにでも役立つ情報。

●**梅毒予防啓発チラシ**（東京版／大阪版）　梅毒の感染経路、症状と治療法、東京と

おわりに

「セックスワーカーが安全な世の中はセックスワーカー以外の人にも安全であることが多い」。この言葉は海外の活動家の言葉だったかと思います。セックスワーカーが社会から決して切り離された存在ではないことを表した言葉です。

この本の元になった「セックスワーカーのためのアドボケーター養成講座」を開催したのは2017年ですが、2018年に入り、障害者や女性へのさまざまな支援や法律の専門家から、メンバーへの講座や原稿の依頼が増えました。

パレードの中のフェミニズムや労働問題の梯団で、また反セクシズムの路上街宣で、セックスワーカーの権利についてスピーチが行われ、東京プライドパレードでも、セックスワーカーの権利運動のシンボルである赤い傘をさした一群が練り歩き、耳目を集めました。アドボケーター養成講座を共催したRC－NETの岡田実穂は、青森市議へ立候補しようとしています。

2019年には、民間の財団からの助成を受けてのセックスワーク展も予定しています。

「セックスワーカーは既にどこにでも一緒にいる」の可視化の機会が急速に増えつつあります。こうした動きが拡がる機会に、セックスワークの問題について熟考と実践も促せるよう、本書をまとめられたことは幸いです。

２０２０年には東京オリンピックがあります。オリンピックや万博の前には必ず周縁的な立場の人々が浄化作戦の下、居場所から締め出されます。性教育もますます保守化がすすむ昨今、セックスワーカーへの風当たりも更に強くなることは容易に想像できます。しかし私たちは今回の講座での繋がりや知恵を元に出来得る限りの抵抗をし、セックスワーカーの安全に還元をしていきたいと思います。

最後に、「セックスワーカーのためのアドボケーター養成講座」から本書の刊行に至るまでお世話になった皆様に厚くお礼を申し上げます。

東京大学竹田恵子、大阪ドーンセンター、アジア女性資料センター、コミュニティセンターｄｉｓｔａ、特定非営利活動法人自立生活サポートセンターもやい大西連、ＮＰＯ法人しんぐるまざあず・ふぉーらむ赤石千衣子、阿蘇ひまわり基金法律事務所森あい、（医）太融寺町谷口医院院長谷口恭、ＮＰＯ法人いくの学園相談員、バザール・カフェ、榎本てる子、ＮＰＯ法人ぷれいす東京（敬称略）。

そして講座に足を運ぶところから各執筆者の原稿の深い読み込みとアドバイスまで、縦横無尽に本書の出来上がりに貢献くださった編集者、吉田守伸さん、本当にお疲れさまでした。そしてありがとうございます。

ＳＷＡＳＨ

岡田実穂

（おかだ・みほ）

レイプクライシス・ネットワーク（RC-NET）代表。2003年から性暴力サバイバー当事者団体での活動をはじめ、2009年、LGBTIQAや男性を含めたオールジェンダーでの支援体制構築を求めてRC-NETを立ち上げる。他に、青森レインボーパレード実行委員会、北東北性教育研修セミナー実行委員会共同代表、市民連合あおもり幹事などの市民活動、そして、青森駅前でコミュニティカフェバーお空に虹をかけましたを共同経営し、町のなかの居場所づくりを日々実践している。

げいまきまき

女優パフォーマー元セックスワーカー。2011年頃からSWASHメンバー。コミュニティセンターdistaにも所属。フェミニズムZINE『New era ladies』への執筆、大阪ダイバーシティパレードでのスピーチ、反セクシズム街宣「私は黙らない#0428」でのスピーチ等、他の社会問題と共にセックスワークの問題も路上でスピーチ。2019年「セックスワーク展〜売ってナンボ買ってナンボ（仮）」開催予定。ある意味セックスワークと表現の体現に試行錯誤。

宮田りりぃ

（みやた・りりぃ）

（公財）エイズ予防財団リサーチ・レジデント。関西大学人権問題研究室非常勤研究員。1981年生まれのトランス女性。2009年以降、セックスワーカーの健康や安全のために活動するグループであるSWASHのメンバーとして、さらに2013年以降、男性とセックスする男性の性の健康増進のために活動するNGOであるMASH大阪のスタッフとして、団体運営やイベント開催などに携わってきた。現在は、両グループのスタッフを続けながら、トランスジェンダーやHIV/AIDSに関する調査研究に取組んでいる。

あかたちかこ

児童自立支援施設性教育担当専門講師、大阪人間科学大学・京都精華大学非常勤講師。立命館大学大学院修了。修士（応用人間科学）。専門は対人援助学と性教育。大阪市派遣専門カウンセラーとしてHIV/AIDSの現場に関わりながら、全国の小中高等学校をはじめ、教員や市民向け研修会などの講演活動も展開中。共著書に『たたかうLGBT＆アート』（法律文化社、2016年）がある。Woman's Diary（1996年から2010年まで京都で有志によって発行されていた女性のための手帳）元編集長。

める』（ポット出版）を出版。2014年からはウェブマガジン「ビバノンライフ」（https: //www. targma. jp/vivanonlife/）で連日執筆。著書に街娼のインタビューと歴史をまとめた『闇の女たち』（新潮文庫、2016年）など多数。

畑野とまと
（はたけの・とまと）

ライター／トランスジェンダー活動家。26歳からトランジションを始め、29歳でトランス女性として再出発。1996年に国内最初のトランスジェンダーHP「トランスジェンダーカフェ」を開設し、トランスジェンダーに関係する情報発信を始める。ニューハーフヘルス嬢として10年のセックスワークを経て現在はライターをしながら、トランスジェンダーの人権や非病理化などを掲げてトランスジェンダー活動家として情報発信も継続している。

東優子
（ひがし・ゆうこ）

大阪府立大学教授。性科学者。博士（人文科学）。（財）日本性教育協会・特別研究員、（財）エイズ予防財団リサーチ・レジデントを経て、大学に就職。「性の健康と権利」を研究テーマとし、WAS（性の健康世界学会）では、性の権利委員会・共同委員長など複数の役職を兼任。2006〜2011年度の6年間、厚労科研エイズ対策研究事業「日本の性娯楽施設・産業に係わる人々への支援・予防対策の開発に関する学際的研究」および「個別施策層（とくに性風俗に係る人々・移住労働者）のHIV感染予防対策とその介入効果に関する研究」の研究代表者として、セックスワークの性の健康に関する研究に携わる。

青山薫
（あおやま・かおる）

神戸大学国際文化学研究科教授。専門は社会学・ジェンダー／セクシュアリティ・移住移民研究。1995年、アジア女性資料センターのボランティアとして人身取引被害者支援に携わる。2002〜2003年にはバンコックのEMPOWERとチェンライのSEPOM（帰国者支援団体）でフィールドワーク。これを基にエセックス大学で博士論文を書く。帰国後、非常勤研究員・講師、京都大学文学研究科特定助教などを経て現職。2006年からSWASHの活動に協力している。著書に『「セックスワーカー」とは誰か』（大月書店、2007年）、*Thai Migrant Sex Workers from Modernisation to Globalisation*（Palgrave/Macmillan, 2009）、*Asian Women and Intimate Work*（Brill, 2014）（共編著）など。

篠原久作
（しのはら・きゅうさく）

ゲイ男性向け風俗店経営者。1972年大阪生まれ。学生時代から様々なゲイ男性向け風俗店を渡り歩き、ゲイ男性向けAVにも出演した。その後、現在の風俗店にスタッフとして入店し約6年間の勤務を経てマネージャーとなった。その後、経営権を移譲され現在は経営者。その間、ゲイ・バイセクシュアル男性向けのHIV感染対策に取り組むNGO、MASH大阪主催のイベントでスタッフを務めるなど、市民セクターとの協働も積極的に進めてきた。

執筆者プロフィール（掲載順）

ブブ・ド・ラ・マドレーヌ
（BuBu de la Madeleine）

アーティスト。時々ドラァグクイーン。1990年代より国内外でパフォーマンス、映像、テキスト作品等を発表。ダムタイプのパフォーマンス《S/N》（1994-96）に出演、15ヶ国19都市で公演。1993年から2006年頃までセックスワークに従事。同時にHIV/AIDSと共に生きる人やセックスワーカー、女性やセクシュアルマイノリティの健康や人権についての市民運動に携わる。2007年から2013年までコミュニティセンターdistaや地域生活定着支援センターに福祉職として勤務。共著に『たたかうLGBT＆アート』（法律文化社、2016年）など。

要友紀子
（かなめ・ゆきこ）

1997年、セックスワークの非犯罪化を要求するグループUNIDOSに参加。1999年、SWASH創設メンバーとなり、2005年からSWASH代表。性産業で働く人々の労働実態調査、性感染症予防啓発、アウトリーチ、ホットライン、ピアエデュケーション等、当事者のための自助活動を続けている。共著に『売る売らないはワタシが決める』（ポット出版、2000年）、『性を再考する―性の多様性概論』（青弓社、2003年）、『風俗嬢意識調査～126人の職業意識～』（ポット出版、2005年）、『「オネェ」がメディアにモテる理由』（春秋社、2013年）。

宇佐美翔子
（うさみ・しょうこ）

セックスワーカー、（職業）おなべ、スナックのママなどを経て、LGBTIQAの権利活動、DV／性暴力サバイバーのサポート活動に携わる。NPO法人共生社会をつくるセクシュアルマイノリティ支援全国ネットワーク、NGOレイプクライシス・ネットワーク（RC-NET）理事。北東北性教育研修セミナー実行委員会、青森レインボーパレード実行委員会共同代表。青森セクシュアルマイノリティ協会にじいろ扁平足代表。コミュニティカフェバーお空に虹をかけましたの共同経営者。

山田創平
（やまだ・そうへい）

京都精華大学人文学部准教授。名古屋大学大学院修了。博士（文学）。（財）エイズ予防財団リサーチレジデント、NGO MASH大阪副代表、NPO法人関西エイズ対策協議会副代表理事、厚生労働省エイズ予防戦略研究研究班員などを経て現職。編著書に『たたかうLGBT＆アート』（法律文化社、2016年）、共著書に『ミルフイユ04―今日のつくり方』（せんだいメディアテーク、2012年）、『ジェンダーと「自由」―理論、リベラリズム、クィア』（彩流社、2013年）、『釜ヶ崎で表現の場をつくる喫茶店、ココルーム』（フィルムアート社、2016年）などがある。

松沢呉一
（まつざわ・くれいち）

1958年生。大学卒業後、いくつかの仕事を経てライター専業に。2000年に、自己決定によるセックスワーク肯定の論をまとめた編著『売る売らないはワタシが決

SWASH(Sex Work And Sexual Health)は、性風俗などで働くセックスワーカーが、「仕事をやっている限りは健康かつ安全に、また、辞めたい時にも健康かつ安全に辞められる」状況を目指して活動するグループで、1999年に設立。ここでの「健康・安全」とは、身体的・精神的・社会的の三つの要素を含む。メンバーは、現役／元セックスワーカーとそのサポーターで構成されている。これまでの活動として、HIV／性感染症予防啓発やアウトリーチ、ホットライン、労働実態調査、風俗店オーナー研修のほか、海外のセックスワーカーグループとのネットワーク構築や国際会議参加など、幅広い活動がある。

- Web　http://swashweb.sakura.ne.jp/
- Twitter　@swash_jp
- facebook　https://www.facebook.com/swashweb/

セックスワーク・スタディーズ
当事者《とうじしゃ》視点《してん》で考《かんが》える性《せい》と労働《ろうどう》

発行日　2018年9月30日　第1版第1刷発行
　　　　2021年3月30日　第1版第3刷発行

編者 ―――――――― SWASH《スウォッシュ》

発行所 ―――――――― 株式会社 日本評論社
〒170-8474　東京都豊島区南大塚3-12-4
電話　03-3987-8621（販売）
振替00100-3-16

印刷・製本 ―――――――― 精文堂印刷株式会社

装幀・本文デザイン ―――― 山田信也（スタジオ・ポット）

カバー写真(表4)撮影・提供 ― （左）佐藤郁夫・（右）三橋順子

検印省略　©2018 SWASH

ISBN 978-4-535-58724-3　Printed in Japan

JCOPY 〈(社)出版者著作権管理機構 委託出版物〉
本書の無断複写は著作権法上での例外を除き禁じられています。複写される場合は、そのつど事前に、(社)出版者著作権管理機構（電話03-5244-5088、FAX03-5244-5089、e-mail: info@jcopy.or.jp）の許諾を得てください。また、本書を代行業者等の第三者に依頼してスキャニング等の行為によりデジタル化することは、個人の家庭内の利用であっても、一切認められておりません。